安全・安心のある社会づくりへ

『財界』編集部・編

財界研究所

安全・安心のある社会づくりへ

――目次

第3章　信用を売る警備業の社会的使命

第3節　教育は「家庭」から

第5章　セキュリティ産業に身を投ずる航跡

第1節　レールが熱かった

第2節　冬に氷を大量に買い付け、夏になったら高く売る

第8章　全日警の将来

プロローグ

「お客様から『本当にありがとう』とねぎらいの言葉をいただける仕事に就けて誇りに思います」――「全日警」社長の片岡直公は一九六六年（昭和四十一年）に会社を設立して以来、社会の役に立てる仕事をしていける幸福感と満足感を社員ともども味わいながら、こう語る。

戦後六十余年、日本の社会も時代とともに変わり、世代ごとに価値観も多様化してきた。加えてグローバリゼーションの進行で、多くの国々との交流も進み、いろいろな問題や事件・事故が起きている。

このような状況下、特に安全・安心を求める声が高まっている。原子力発電所のトラブル、交通事故あるいは親殺し、子殺しといったおぞましいニュースが相次ぐ度に心が痛む。そうした現実を踏まえながら何とか安全・安心を確保していく社会にしていかねばならない。

また、人の心の面でも、今日の日本では正社員、非正規社員の問題も含めて、格差問題が社会構造を歪《いびつ》なものにしているという指摘がある。このような時代にあって、国民の安全・安心を守るセキュリティ産業の重要性は日増しに高まっている。

片岡は四十余年前の一九六六年十月八日、「人のため、世のためになる警備業は社会から歓迎される」という確信の下に事業を始めた。また、そういう思いで、人材を育ててきた。

「会社は人を育て、その人が会社を育てる」

片岡は創業以来、この信念を貫いてきた。警備員のみならず、会社の人材育成については力を注いできたし、またこれからも注いでいくつもりだ。警備員の業務は、決して華やかではない。「縁の下の力持ち」なのである。尊い生命、大事な財産、そして愛する家族を守るために、セキュリティ産業は存在していると、片岡は今もそう固く思い続けている。

戦後の敗戦を経て、日本の経済は目覚ましい発展を遂げ、「権利」と「義務」が国民にとって表裏一体のものとなっているが、「権利」の主張ばかりが目立ち、「義務」となると、途端に腰が引けるというアンバランスが生まれているように思う。

いつの世も犯罪は跡を絶たないのかもしれない。しかし、今では日本のみならず、米国の大学でも学生がマシンガンを乱射して、同級生を殺害するなど、耳を疑うような事件が頻発している。それだけでなく、平成十七年中における日本国内の自殺者の総数も三万人を超え、年を追うごとに増加している。片岡は「セキュリティ・サービスに携わる者として、このような事件・事故の起こらない安全な社会の実現に向けて貢献していきたい」と改めて気持ちを引き締めている。

警備業界の主役は、いうまでもなく「人」である。そしてこれはどんなに警備の機械化、システム化が進もうと変わることはない。なぜならば、その機械を操作し、管理するのは「人」だからである。セキュリティの仕事は、時代を重ねるごとに社会の各層とのつながりを深め、将来を先取りした対応が求められている。

「一九六六年に全日警を創立して以来、一生懸命に、前向きに行動してきたつもりです。一つの壁があればその壁を乗り越えるべく考えて、そして周囲の人たちと協力し合い、問題解決に向け、壁を一つひとつ乗り越えてきました」

創業当時は世の中に警備業というものは定着していなかった。片岡は警備の「イロハ」を説明することから始め、全国を駆け回っていった。そんな日々が、つい最近のことのように思い出される。

二〇〇六年で全日警も四十周年を迎えた。

「これもひとえに私を支えてくれた社員、友人・知人、そして両親、家族など、さまざまな『人』の支えがあったからです。これからの時代はさらに最先端の技術やシステムが開発され、セキュリティの仕事も複雑かつ多様化していくと思う。そうしたシステムを動かすのは、やはり『人』なんです。セキュリティを確保するのは『人の知恵』であり、『実践』です」

「人づくり」に真っ正面から取り組み、人々の暮らしを支え、喜びを信頼の輪でつなげていくことが大事である——。事業を起こして四十余年が経ち、改めて片岡はそう考え、「安全・安心」に対する新しい社会的ニーズに応えていこうと思いを新たにする。創立四十周年を迎えた今、全日警は新たな出発点に立った。「安全・安心」を確保するため、挑戦の日々は今日も続く。

第1章

安全・安心を守る警備産業

「人命を救うという警備員の原点ともいえる行動をとったことに喜びを感じます」と片岡は話す。

二〇〇六年十月、中部国際空港のロビーで七十五歳のフィリピン人男性が心臓発作で倒れた。が、二十代の全日警・空港警備員のＡＥＤ（自動体外式除細動器）を使ったとっさの応急手当で救われた。

日々の訓練がこうした緊急事態で人命を救う。警備業の社会的役割は日増しに高まっているのである。

第1節　警備業は「縁の下の力持ち」

警備員が人命を救う！

「警備の仕事をしていて、本当に良かったなと、このときも感じましたね」——。

「全日警」社長の片岡直公は四十余年もの間、警備業に携わってきた。その中で全日警の警備員が人の命を救ったという知らせに、片岡はしみじみとこう述懐する。

それは二〇〇六年（平成十八年）十月二十四日、中部国際空港（愛知県常滑《とこなめ》市）の国際線到着ロビーで起きた。

心臓発作で倒れた、七十五歳になるアメリカ在住のフィリピン人男性を、空港警備員がとっさの判断で救ったのである。その空港警備員は、ＡＥＤ（自動体外式除細動器）を使って応急手当てを施した。空港警備員の正確な判断の甲斐もあって、このフィリピン人の男性は一命をとりとめたのである。

空港警備員の男性は、常滑市榎戸町にある全日警中部支社勤務の社員であった。しかも、二十代の若者であった。十月二十四日午後六時ごろ、国際線乗り継ぎ保安検査場付近の通路で突然、フィリピン人の男性が倒れ、人だかりができているところへ、巡回中の全日警の空港警備員が駆けつけたのだ。その男性はあおむけで口から泡をふき、間もなく心肺停止状態になったという。

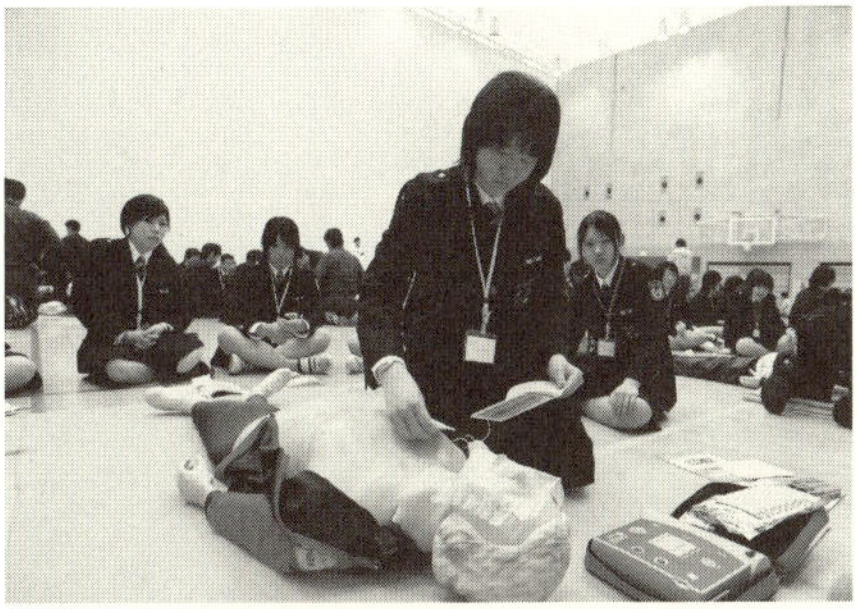
ＡＥＤ（自動体外式除細動器）を使って人命救助の訓練を行う警備員たち

空港警備員はすぐ、近くにあったＡＥＤを持ち出し、フィリピン人の男性のＴシャツをたくし上げて電極を設置し、二回にわたる電気ショックを与えた。三十秒ほどして男性の自発呼吸が始まり、救急車で市内の病院に運ばれた。空港警備員の応急措置の効果もあって、そのフィリピン人男性は翌日には意識を回復した。そして、「本当にありがとう。心から感謝しています」と言って二十七日には退院し、帰国していった。

今回の緊急処置を施した空港警備員は、二〇〇五年（平成十七年）四月に全日警に採用されたばかりで、警備員になってまだ一年ちょっとしか経っていなかった。しかし、彼はＡＥＤの研修を二回受けていて、その使用方法をしっかりと学んでいたのである。

「実際に倒れている男性を目の前に見て、とにかく急がなければと思いました。私も訓練は受けていたのですが、実際に使うとは思ってもみなかったです」とその若い空港警備員は話していた。このように日ごろ真剣に訓練を受けていれば、いざというときにその訓練の成果が生きるということである。

その若い空港警備員は、現場に遭遇したとき、躊躇《ちゅうちょ》せずにフィリピン人男性にＡＥＤを使い、その後の医療関係者との連携も「非常に良かった」と医師からも評価を受けた。ＡＥＤは発症後五分以内に処置できるかどうかが救命の分かれ目である。彼が実際にＡＥＤを使うことは初めてであったと言っているように、とっさに電気ショックを与えるには勇気がいるはずである。それでも「急がなければ」というあわただしい状況の中で、冷静に対処できたことは称讃に値する行動である。後日、常滑市消防本部から感謝状がその警備員に届けられた。

警備員にとって、現場を警備することだけが業務ではない。「安全で安心な社会」を創造するためにはあらゆる事態に素早く、機敏に対処していかねばならない。そのためには厳しい日々の訓練が必要である。そういう日々の訓練をこなしていくことが、人々の暮らしを守ることにつながっていくということを改めて思い知らされる出来事であった。

警備業は、人間的要素が非常に高い

警備業の起源は、十九世紀中頃のアメリカ西部開拓時代といわれている。当時の警備は今でいう「輸送警備」が中心であった。そのころのアメリカは列車強盗が頻発していた。そこで、銀行から頼まれて列車強盗から輸送中の現金を守る仕事を引き受けたことが「警備」の始まりといわれている。もちろん「警備」といっても、そのころは今のように万全ではなかった。周囲に目を配っていた程度である。

また、ドイツでは一九〇一年に軍隊の施設を警備することから警備業は始まったといわれる。軍は国を守るのが仕事であり、施設を守る警備は民間に委託するという考えからドイツの警備業が始まった。いってみれば、「民営化」の始まりである。

それぞれの国の歴史、風土を背景に警備の仕事は始まったのである。日本では他の国と比べ、警備業が誕生したのは遅かった。それだけ治安が良かったということであろう。しかし、戦後、日本が経済発展するにつれ、社会情勢も変貌していった。片岡が全日警の前身である「全日本警備保障」を設立したのが一九六六年（昭和四十一年）十月八日。当時、警備会社といわれる企業は十社程度であった。戦後二十年経ったそのころ、戦前では考えられなかった社会現象も起きるようになっていた。

東京では住宅地が郊外へ、郊外へと伸びていくドーナツ化現象などの社会現象が生まれ、そういう新しい時代状況の中で、人気《ひとけ》のない夜間を狙った強盗などの犯罪も急増していた。これに対して、企業は「守衛」を雇うなど、それなりの対応はしてきていたが、まだ「警備」のノウハウが十分揃《そろ》っていたわけではなかった。

まず「警備」という言葉自体が一般には知られていなかった。民放のテレビ番組で『ザ・ガードマン』という警備員を主役にしたドラマが放映され、人気を呼んでいた。俳優の宇津井健《うついけん》さん扮する主役がさまざまな事件を解決し、その颯爽《さっそう》とした姿に視聴者も拍手喝采《はくしゅかっさい》を送っていた。

しかし、現実の「警備業」はテレビドラマほど格好のいいものではない。地道で誠実な取り組みが要求される仕事である。そういう警備業の草創期に片岡が全日警を創業したのは、二十九歳のときである。

そのときの詳しい動機については後述するが、片岡は一九五九年（昭和三十四年）に立教大学社会学部を卒業し、父親が経営する「三栄映材」に入社した。三栄映材は映画館で上映されるニュース映画のフィルムを、溶剤を使用して再生フィルムにする仕事を行っていた。

時代はすでにカラーテレビが登場し、「映画産業そのものが下り坂になり始めていた。もはや再生フィルムの時代ではない」と実感した片岡は何か新しい事業を起こしたいと心中期するものがあった。そうやって自分のやるべき仕事は何かと模索しているときに、警備業に魅《ひ》かれるものを感じたのである。

一九六四年（昭和三十九年）の東京オリンピックを経て、日本は「四十年不況」といわれるときを迎えたが、その後日本経済はさらに高度成長の波に乗り、それと共に警備業のニーズは高まっていった。そして、ビル建設ラッシュによって警備業の需要が一気に膨れ上がり、さらには各地で空港や高速道路が整備されていった。また、自動車の保有台数も急増したことから警備員による交通誘導の仕事も多くなろうとしていた。自然と、警備に対するニーズが社会の各界各層で高まり、「治安を守ってほしい」「安全・安心な社会をつくってほしい」という声が沸き起こっていた。

冒頭の中部国際空港で心臓発作を起こしたフィリピン人男性を、二十代の若き警備員がとっさの判断でAEDを使い、その一命をとりとめたという行いを見るにつけ、自分たちの仕事は地味なものであり、社会の中で〝縁の下の力持ち〟という認識が全日警のスタッフをはじめ、警備業関係者の静かなる誇りとなっている。

凛とした警備員の制服姿

女性の警備員の活躍も目立つ

警備業にはビルや工場の巡回警備、建設現場や工事現場の交通誘導警備、イベント警備、空港、ショッピングセンター、企業の本社ビルなどの高層ビルから学校や病院、ホテルの警備、現金輸送警備など、さまざまな仕事がある（270頁「補足」参照）。

警備員が常駐する警備から始まり、機械化の導入も進められてきた。銀行が設置する無人のＡＴＭ機（自動支払機）の警備など、警備業の守備範囲は時代の推移と共にさらに広がっていった。

企業の警備から、オリンピックや万国博覧会などの国家的行事、そして中小さまざまなイベントまで、警備の仕事は多種多様で、コンピュータなど機械化の進展と共に社会に浸透していった。その機械を操るのは「人」であり、「人」がシステムを担う。つまり、「人」が警備という仕事の質や中身を決めるということである。人間的要素が非常に高いというのが警備業の本質である。

戦後六十余年、企業を中心とした生活が組み立てられ、企業を軸に私たちは物事を考え、ライフスタイル（生活様式）を決めてきた。しかし、いい意味にせよ、悪い意味にせよ、「個人」が大きくクローズアップされ、自分にふさわしい生き方を追求する時代になってきた。「会社人間」という言葉が死語化し、個人をキーワードにした生活様式が定着してきたといえよう。

例えば、昭和三十年代、昭和四十年代に盛んだった会社単位での慰安旅行も、はや姿を消し、現在では気に入った者同士、同じ趣味を持つ者同士、あるいは個人旅行がもてはやされる時代である。受け入れ先のホテルや旅館も団体向けではなく、家族向け、個人向けの宿泊施設を用意するようになった。

時代と共に、科学技術の開発も進み、それが人間の考え方やその生活をも変えていく。警備業についても同じことがいえる。現在はホームセキュリティという分野がクローズアップされ、家族や個人の「安全・安心」を守る仕事が増えている。

犯罪が凶悪化し、かつ巧妙になり、都心のみならず、地方でも不安を招く世相になっている今の背景には、そうした事情がある。また、外国人の不法滞在者や密入国者も以前と比べて増え、外国人による犯罪も急増している。家庭を狙った犯罪も増加の一途を辿《たど》っている。鍵をこじ開けるピッキング強盗が多発し、もはや鍵ひとつで安心・安全を確保できない時代となっている。それが厳しい現実なのである。

そんな時代にあって、一般家庭向け警備サービス（ホームセキュリティ）の需要が急増している。また、自分や家族の生命、財産を守るという視点に立てば、何も犯罪だけではなく、火災、ガス漏れその他のトラブルにも対処できるシステムの構築も求められる。

ホームセキュリティとは、家庭に設置した防犯・防災のセンサー機器と警備業者の基地局とをオンラインで結び、二十四時間体制で安全を監視し、緊急の際には警備員が出動して対処する、というものである。つまり、このサービスは盗難などの事故の発生を警戒し、防止することを目的としているもので、「安全を監視する機器」というハード面と「警備員が駆け付けて対処してくれる」というソフト面とが組み合わさって成立している。

では、ホームセキュリティの機器は、具体的にどういうものがあるのか――。例えば、自宅で強盗や泥棒などの不審者に侵入された場合、あるいは自分の身体の具合が悪くなったときなどの緊急時に機器のボタンを押すと、全日警へ自動的に通報され、緊急対処する「非常対応機器」が作動する。

また、不在時において侵入者があった場合には、窓やドアの開閉を検知する「ワイヤレスマグネットセンサ」が作動して異常を察知する。

全日警の機械警備は三百六十五日、二十四時間体制でオンラインにより各地区コントロールセンターで集中管理されている。したがって、警備の対象範囲が広がっていることに対応し、全日警の警備システムも守備範囲が広いものとなっている。「個人」や「家庭」を対象にしたホームセキュリティが大事な仕事になってきているということである。

第2節 「国民の生活」を支える

警備会社の存在意義

「世の中の人々が『治安を守ってほしい』『安全・安心な社会をつくってほしい』と思っているはずです。だからこそ、民間の自主防犯の主翼を担う警備会社の責任はますます重くなり、社会的な役割や使命が求められてきています。こうした社会の付託に応える仕事を我々はきちんとしているだろうか。常に自問自答をする日々です」

創業して四十余年、片岡は人の財産、生命そして家族を守ることに全力投球をしてきたが、今なお、自らの気持ちを引き締める。現状に安住するのではなく、常に「挑戦」する姿勢を貫く。片岡は「激動の時代を全日警の社員一丸となって乗り切る」ために、立ちはだかる荒波にひるむことなく、邁進《まいしん》してきたのだ。

施設の警備から個人の身辺警護に至るまでの幅広い範囲において、社会に安全と安心を与える「警備会社」が世に必要とされている。二〇〇一年（平成十三年）に大阪府・池田市にある大阪教育大学附属池田小学校で教室に男が乱入し、学童を死傷させるという惨事が起きた。本来、安全な場所で、安心して授業を受けられるはずの学校で、こうした痛ましい事件が起きたことに、日本社会は大変な衝撃を受けた。この児童死傷事件に代表されるように、教育の現場にまで危険が及んでいるのが現実だ。

社会の安全・安心を確保するための警備会社の存在意義は益々《ますます》高まっている。

戦後の敗戦から六十年以上が経ち、私たちの生活は豊かになり、身の回りには便利で楽しい製品やサービスが溢《あふ》れている。反面、世相があれ、人の心がすさんできている。片岡はこういった社会状況を踏まえて、次のように話す。

「もう一度人々がお互いを信頼し、力を寄せ合って生きていく社会を築いていかねばならない。そうした努力を一人ひとりが担い、『安全・安心』の社会づくりを進めていかなければならない」

国内での警備業者の数は、実に九千社を超える（二〇〇七年春現在）。警備という仕事の本質は、もちろん、人の生命、家族、財産を守ることであり、セキュリティのサービスの質向上には警備各社が凌《しの》ぎを削る。空港、スタジアム、多目的大規模複合ビルなどで警備員を常駐させることが一般的になってきた。今では施設の規模も、より一層大きくなり、機械性能のレベルも一段と高くなっている。それだけに、ＩＴ(Information Technology、情報技術）を駆使した警備で顧客に対して、きめ細かいサービスで対応するシステムが開発されている。

最先端の科学技術を活用した警備システムの一例を見ると、例えば、店舗などに設置されている複数のカメラ映像は、モニターに一括表示して一人の人間の目で効率よく確認できるシステムが整えられている。

また、監視コンピュータによる出入管理や侵入監視のシステムもある。パソコンの一画面で、どの部屋に人が入ったのか一目瞭然である。もちろん異常事態が発生すれば、巡回している警備員などが数分で現場に駆け付ける。誰もが安心して暮らすことのできる社会の実現に向けて日々犯罪に目を凝らしているのだ。

警備員に求められる資質とは

警備会社は、あくまでも民間企業である。そのために警備員は特別な権限を持っているわけでは決してない。そういう中で、ときには現金輸送やボディーガードといった、自分の身が危険にさらされるかもしれない業務も担う。交通誘導などの業務、そしてイベント会場やデパートといった場所での警備、案内の業務など、仕事の中身は実に多種多様だ。

逆説的ではあるが、権限を持つことのない民間人であるからこそ、多種多様な仕事をこなせるともいえる。警察の周辺業務までも行うことができるし、さまざまな人材を登用して、それらの仕事に当たっていく。社会の隅々にまで警備員の仕事が存在することは、警備業が社会的にそれだけ必要とされているということにほかならない。もちろん、警察や消防との連携も大事である。警察や消防と警備員の「協働」が社会

家族の笑顔を守るために――ホームセキュリティへのニーズは日々高まっている

の秩序を守るためには不可欠ということである。

例えば、一人暮らしの高齢者が、突然、身体に変調を来たし、救急車を呼ぼうとする。しかし、高齢者には自分で救急車を呼ぶだけの体力がない。そのとき、本当に、体力的に苦しい状況にあったとしたら電話することさえもできない。

警備業界は、このような事態にも対処できる仕組みをつくっている。緊急事態に携帯型の押しボタンを押すことで、警備員に「何かが起こった」と気付かせるようなシステムがすでに構築され、活用されている。

こうしたサービスは、警察や病院、消防がバラバラのままではこなせない。そこに民間企業である警備会社も加わることで、住民本位のサービスが提供できる。警察、病院、消防そして警備会社のチームワークが大事といわれるユエンである。

社会の発展、時代の推移により、事件、事故の姿も変わってくる。行政ではなかなかその変化に対応していくことは難しい。しかし、警備員の仕事は、どんな社会の変化にも、柔軟かつ迅速に対応していかなければならない。

片岡は警備員というものについてこう語る。

「警備業とは信用を提供するサービス業です。警備員に顧客や地域社会の信頼がなければ、その警備会社の信用が落ちてしまいます。警備員が信用されれば、警備会社の評価も上がる。警備員に対する信用が即、警備会社の信用になるのです」

つまり、警備員一人ひとりに「人」としての素養、見識が求められるのだ。これは当たり前のように聞こえるが、そういった警備員を育て上げるという人材教育は実に奥の深い仕事である。一人前の警備員になるまでには、さまざまな研修が義務付けられている。警備の仕事は、時代や社会の変化に対応して、そのサービスの中身が変わってくるからだ。たとえベテランの警備員であっても、その都度必ず研修を受けるようになっている。そして、一つの研修を終了した警備員は、さらに新しいステージを求めて検定試験を受け、合格しなければならない。

片岡が続けて言う。

「警備員は、誠実な人でないと務まりません。これはどんな仕事であっても一緒ですが、特にわれわれの仕事には責任感が求められます。このことが本当に大事なのです。仕事はもちろんのこと、普段の生活においても誠実にいる人でないといい加減な気持ちが無意識に芽生えてしまい、誠実さに欠けてしまうことがあります」

全日警が創業以来、「人」の教育に大きな努力を払ってきているのは、そうした基本認識があってのことである。

AED

自動体外式除細動器のこと。心臓の心室が小刻みに震え、全身に血液を送ることができなくなる心室細動等の致死性の不整脈の状態を、心臓に電気ショックを与えることにより、正常な状態に戻す器械。二〇〇四年(平成十六年)七月より医療従事者ではない一般市民でも使用できるようになり、病院や診療所、救急車はもちろんのこと、空港、駅、スポーツクラブ、学校、公共施設、企業等、人が多く集まるところを中心に設置されている。

第2章

人材育成こそが警備の質を高める

一九七五年四月九日午後四時五十分ごろ、羽田行きのジャンボ機がハイジャックされた。身代わりのスチュワーデスと機長を助けに全日警の警備員が現場に駆けつけた。「要求をいいなさい」「うるさい、動くな！」。大声を出す男に警備員と私服警察官が飛び掛ったのは同時だった。犠牲者を一人も出さずに犯人は逮捕され、事件は無事に終わった。

ゼロから起こした会社が社会の役に立ったことを実感できただけでなく、全日警が普段から警備員に教え込んできた教育の成果が現れたからであった。

第1節　人の命に直結する警備の仕事

懸命に怪我人へ呼び掛けた女性隊員

巡回警備をしていたその女性隊員は、その人物の手を握りながら、「がんばりなさい！」「気を強く持って！」と呼び掛けた。一刻一秒を争う状況だ。

そこは神奈川県にある横浜ランドマークタワー。高さ二百九十六メートル、地上七十階と、日本一の高さを誇る。内部はオフィス、ホテル、多目的ホール、ショッピングモールなどで構成されており、一日の滞留人口は二万人を超え、通過利用客は十四万人にのぼる。この横浜ランドマークタワーで、警備員の資質が称讃される出来事があった。それは女性隊員の活躍であった。

横浜ランドマークタワーのような大きな施設であれば、訪問客が道に迷うことは日常茶飯事である。ショッピングモールは地上五階、地下二階、百九十もの専門店が立ち並ぶ。そんな巨大施設の中で、警備業務を行うと同時に、不案内《ぶあんない》な訪問客を察知し案内するのである。巡回しながらインフォメーションの役割を果す、まさに「動くインフォメーション」の役目を女性隊員は担っている。

横浜ランドマークタワーの警備を担当する女性隊員がある出来事に遭遇した。二〇〇五年（平成十七年）のある日、ショッピングモールのある階から飛び降りた人物がいた。即死ではなかったものの、傷口は開き、すぐにも救急車を呼ばなければならないほどの重体であった。現場に居合わせた誰もが、突発的な出来事に腰が引けて後ずさりしていた。

買い物客もビジネスマンも、通りかかった通行客もみんながどうしていいかわからないという中で、その怪我人の下に駆け寄った者がいた。全日警の女性隊員であった。駆けつけたその女性隊員は、「しっかりして、がんばりなさい！」と声をかけ、適切な措置をてきぱきと実行していった。

この日、全日警に仕事の商談を持ちかけた企業の担当者が横浜ランドマークタワーを訪れていた。全日警がどんな警備をしているか、と視察するためである。そこで目の当たりにしたのは、女性隊員が怪我人に懸命に声を掛けている様子であった。全日警からすれば、警備している場所で怪我人が出てしまった現場など見せたくはなかった。だが、その担当者は女性警備員の行動にとても感動した。

「こんな警備員の人たちがいる会社なら警備を任せることができる」

その担当者をこんな風に感動させた女性隊員の行動は、一朝一夕でできるようなものではない。怪我人の手を握りながら、懸命に励まし、必要な措置をとっている姿は、その現場を取り巻く人たちの目にもきっと頼もしげに映り、感動的であったろう。女性隊員のそうした行動は、日常の訓練によって養われていたわけだが、単にそれだけではなく、とにかく助けなくてはいけないという人としての思いから自然にとった行動であった。

人間社会は本来、人と人が手を取り合い助け合っていくべきもの。横浜ランドマークタワーでの出来事は、警備に携わる者としてはやるべき仕事をやったということであったろうが、現場に居合わせた人たちも、人が人を助ける行為を見て生きることの大切さを実感したことだろう。

警備をつかさどる全日警関係者は、そうした「人」の営みに深く関わり、そして社会の安全・安心を守るという仕事がどんなに大事なことかを改めて噛《か》み締めている。

社員一人ひとりを大切に育てていく

「社員一人ひとりを大切に育てていくことが良質な警備につながるのです」――片岡は警備業を行う上での信条を繰り返し強調する。警備会社の「顔」は警備員である。そして、警備員が行う警備によって警備会社の評価が決まる。

片岡が全日警を立ち上げた一九六〇年代から、全国各地で警備会社が竹の子のように誕生していた。警備業は新しい産業であり、新規参入が相次いだのである。そのため、当時の警備業界は、まさに玉石混淆《ぎょくせきこんこう》というのが実態だった。

日本で警備会社が初めて世の中に登場したころは、とにかく募集に応じてくる人材をすぐに警備員に採用し、きちんと時間をかけて教育もせずに現場へ派遣してしまう、ということが頻繁に行われていた。その結果、警備員の不祥事が相次ぐという事態をも招いていた。

具体例を挙げると、一九七一年（昭和四十六年）のチッソの株主総会で、会社側は五百人にものぼる警備員を配置した。これは水俣病問題で株主総会が混乱することを恐れたからだが、実際に警備員が一部の株主を実力で会場から排除しようとしたとき、傷害事件を起こしてしまったのである。これは一部で行き過ぎた警備になったと、マスコミや世間から厳しく批判された。

加えて、子供が警備員をお巡りさんと間違えて、拾ったお金を警備員に届けたところ、その警備員が着服してしまった、という不祥事も起こった。世間からは、危ないからガードマンには頼めない、という声も一部で出始めていた。このような過剰警備や警備員の窃盗事件が報道され、警備員のモラルや警備会社に対する社会の不信感が募っていったのである。

当時、新聞沙汰になった警備員による暴行傷害、婦女暴行、窃盗、殺人事件などの犯罪は、一九六八年（昭和四十三年）が三十七件、一九六九年（昭和四十四年）は三十六件だったが、一九七〇年（昭和四十五年）には九十五件……と急増していた。警備業は警察の業務に近く、警察が行き届かない部分を補うという側面を持っているだけに、事件が多発すれば、社会からの批判が高まっていったのも当然である。

こうした状況から、一九七一年（昭和四十六年）には国会でも警備業に対する規制が取り上げられ、政府も与党・自民党も「警備業法」の制定へ動き始めた。

むろん、警備業界も手をこまねいていたわけではない。警察庁や国家公安委員会からの働きかけもあって、東京に本社を置く警備業社の経営者が集まり、業界団体の結成に向けて動き出していた。

ともかく、警備業の現場で仕事を実践するのは、警備員という「人」である。その「人」を育て上げることが大事であり、社会と共に歩いていくという思想を浸透させていかねばならない。人の育成に向けて、警備業界全体が結束して立ち上がろうとしていた。

このような流れの中で業界団体の結成に合わせて「警備業法」が制定された。一九七二年(昭和四十七年)七月のこと。日本に沖縄が返還された二カ月後のことである。そして、この年は世界的にも、まさに変動の激しい年であった。

この年はアメリカ、ニクソン政権の幹部であるキッシンジャー大統領補佐官が極秘に中国の首都・北京に飛び、ニクソン訪中の地ならしをした。この後、ニクソン大統領は北京で毛沢東・国家主席、周恩来・首相など中国首脳と会談し、この電撃的なトップ外交で米中の国交回復が成った。

日本でも田中角栄首相が中国に飛び、戦後の最大懸案であった日中国交回復を成し遂げた。

さらに朝鮮半島における南北の話合いの開始、ベトナム和平の進展など緊張緩和への動きが活発化していた。その一方で、国内では消費者物価が上昇し続け、都市への急激な人口集中と生活圏域の拡大、マイホーム主義の風潮が高まっていった。

そして、モータリゼーションの進行である。

この年だけでも二百五十万台の自動車が増加し、全保有台数は二千三百万台を超え、国民の日常生活上不可欠な交通手段となった。国民四・六人に一人が自家用車を持つようになっていた。あわただしく、緊迫感のある社会情勢となっていく中で、「五・一五沖縄」「一〇・二一国際反戦デー」「相模原の米軍車両搬送阻止」などのデモも頻発していた。

一方、一般犯罪の発生件数は、一九六四年（昭和三十九年）を頂点に年々減少傾向にあった。一九七二年（昭和四十七年）の犯罪件数は約百二十二万件で戦後最低となっていた。比較的、犯罪の数そのものが少なくなった時代において、警備員が不祥事を起こしてしまったことは、警備会社にとっては大きな負い目になった。

警備業界は、質の高い警備員を育てるべく、人材教育に力を入れていこうとしていた。人材を育てる環境を整えるため、立法の必要性に迫られていたのである。警備業法の制定によって各警備会社は、それぞれ所在地の公安委員会に申請書を届け出ることになった。

つまり、警備業は認定事業となったのである。社会的責任が要求される業種であり、誰でも自由に営める職種ではない。

だが、この警備業法の制定により、警備業を始めたいと思った者は、まず法律に基づいた営業認定を公安委員会からもらうことが必要となり、厳格な基準が設けられることになった。

警備業法が制定された一九七二年（昭和四十七年）の「国民選考度調査」によれば、国や地方自治体に対する国民の十二項目の各種要望のうち、「ぜひ力を入れてやってもらいたい」とする項目に「公害の防止」「老人、母子、心身障害者対策などの社会保障」そして「犯罪の防止」が挙がり、その割合も六〇パーセントを超えていた。生命・財産、身体の安全な保証への強い要請が国民の意識には、はっきり表れていたのである。

「安全と水はタダ」と長い間、日本国民は思い込んできたが、それも過去のものになろうとしていた。

第2節　警備員の教育に「終わり」はない

東京都警備業協会長に就任

警備業法が制定されたときの警備会社数は、全国で専業が三百六十社、兼業事業者が四百十五社、合計七百七十五社で、警備員数は四万一千人にのぼっていた。

この警備業法では、警備員の威力行為の禁止、服装、護身用具から警備員教育、報告、検査書式など、きめ細かく定められ、さらに経営者に対する欠格理由も定められたが、最も重視されていたのは、警備員に対する教育である。

片岡は警備業法の制定について、このように見る。

「警備員に対する教育の重要度は、警備業の社会に対する役割の重さ、言い換えれば公共性の重さを意味しています。これは別の見方をすれば、警備業が社会に根付いた『産業』に成長したといえるでしょう。そして次に乗り越えなければならない課題は、

『公共的使命にいかに応えていくか』なのです」

警備業法では、新しく警備員として勤務する場合は、「新任教育（基本教育十五時間、業務別教育十五時間）」の受講が義務付けられた。警備業務の実施にあたり、基本的な法律（刑法、刑事訴訟法、遺失物法など）の教育から交通誘導や見張り警備など、実戦的な経験を積んでいかなければならなくなったのである。

厳しい訓練が続く新入社員の研修

また、従来から警備業務に従事している警備員には「現任教育」として、あらかじめ定められた期間の教育受講が義務付けられた。いわゆる〝ベテラン警備員〟にも半年に一度、より良い知識や技術の向上とそれらの維持を図るために講習の受講を必須にしたのである。

片岡も警備員の教育にはより一層力を入れてきていた。「私は『警備業は信用商売だ』と捉えて、警察庁からレクチャーを受けたりして警備員の教育に務めてきました。おかげで、警備業法に定める教育はあらかたクリアできました。しかし、それだけでは社会の付託には応えられないのです。とにかく、サービスの質を向上させるべく努力していく。われわれも気を抜くことなく、業界全体として、教育には力を入れていかなければなりませんでした。そしてこれは今でも同じことなのです」

片岡は一九八三年（昭和五十八年）から二〇〇二年（平成十四年）までの十九年間にわたって、社団法人「東京都警備業協会（略称・東警協）」の会長を務めた。

この東警協の前身となる団体、「東京都警備会社連絡協議会」は、一九七一年（昭和四十六年）十月に設立された。この任意団体には東京地区の四十七社の警備会社が参加した。全日警は五社からなる連絡協議会の代表幹事会社になり、業界の健全化に尽力することになった。

東京の団体結成を皮切りに、一九七二年（昭和四十七年）になると、業界の全国組織を結成する動きが活発化してきた。それは同年制定された警備業法の受け皿となる業界団体の必要性が急速に高まったからだ。このとき、すでに、東京のみならず、三十二の都道府県において地域ごとの協会が設立されていたのだ。

各協会からの要望があり、さらには警察庁からの指導や要請もあって、東警協が先頭に立って「全国警備業協会連合会（略称・全警連）」を設立する。一九七二年（昭和四十七年）五月二十五日のことである。

まさに日本に警備業が誕生してから十年目の出来事であった。この全国警備業協会連合会が現在の社団法人「全国警備業協会（略称・全警協）」となる。

全国警備業協会連合会が法人化されたのが、八年後の一九八〇年（昭和五十五年）四月一日。意外なことに東警協の法人化はこれよりも遅く、全警連の法人化より七年後の一九八七年（昭和六十二年）十月一日であった。

個別の警備会社の指導・監督をするのは、都道府県の公安委員会と警察本部（東京は警視庁）である。警備業界全体の問題や課題について、警察と意見交換したり、指示を受けたりするのは、東京なら東警協という具合に、各都道府県の警備業協会だ。全警協は都道府県の警備業協会の上部団体であっても、調整役であった。

加えて、全警協の役割には「警備員教育の指導者養成」がある。警備員は人の生命や財産を、身体を張って守る職業だから、危険も付きまとうし、社会から信頼されなければできる仕事ではない。法律でも警備員教育の徹底を規定している。

教育には「これでよい」「このレベルで終わり」という〝終わり〟はない。警備員教育は永遠にずっと続けなくてはならないのである。

そのために各社で警備員教育を実施しているが、全警協は神奈川県に教室はもちろん、大講堂に食堂、宿泊施設まで備えた研修センターを持ち、各社の警備員教育者の教育を行っている。この研修センターに泊り込んで研修した教官が各警備会社に戻り、全国に四十万人いる警備員の教育を行っている。

警備業法が施行された一年後の一九七三年（昭和四十八年）には第一次オイルショックが起こり、〝トイレットペーパー騒ぎ〟などが起きた。中東の産油国がこれまで欧米の石油メジャーに牛耳られてきた原油価格の決定権を奪取するため、ＯＰＥＣ（Organization of Petroleum Exporting Countries、石油輸出国機構）を結成し、原油の販売価格を大幅に引き上げた。

一九七八年（昭和五十三年）には第二次オイルショックが起き、中東の産油国の力は以前にも増して強まった。日本のエネルギー全需要のうち、石油依存度は非常に高く、その分、産業界のコストアップにつながり、石油価格の上昇は深刻な影響を与えていた。このため、「省エネルギー」が叫ばれ、電力の節減などが謳《うた》われた。産業界全体に電力使用規制が敷かれ、東京・銀座など、街角のネオンサインが消され街全体が暗くなったのもこのころである。

消費電力規制は、あちこちに影響が出た。ビルや工場など、二十四時間体制で監視、保護する警備業界にとっては死活問題となった。業界団体の東警協はその規制対象から除外するように奔走した。さいわいにも、この要望が認められ、警備業界は規制から外された。これは業界団体をつくっていたからこそ可能であったし、政府も社会も警備業界に公共性を認めてくれた証しであった。

さらには、第一次オイルショックの翌年、一九七四年（昭和四十九年）には、新左翼系過激派による三菱重工ビル爆破事件が起こり、続いて三井物産本社、帝人中央研究所、大成建設本社、鹿島建設内装センター、間組《はざま》の本社と工場などを標的とした爆破事件が頻発した。このことにより、金融機関はもとより、各企業も警備に関心を持つようになり、警備会社の存在を見直された。

このころには、全日警は大阪万国博覧会（一九七〇年）での経験（第三章第一節参照）が評価されて、日本の中でも規模の大きい施設の警備を任されるようになった。

一九七五年（昭和五十年）四月には羽田空港、名古屋空港そして大分空港の警備を開始。特に当時の羽田空港は「日本の玄関」と呼ばれ、日本航空の便だけでも国内・国際路線の利用客は一日約三千五百人以上を数え、離発着の飛行機は、国内線だけでも二百機にのぼった。

数分ごとに着陸する飛行機を相手に、羽田空港を警備していた警備員は二百十五名であった。その警備員のうちのおよそ半分が全日警の警備員であった。警備業務の内容は、爆弾のチェックやハイジャック警備といった重要な業務が主であった。当時のハイジャック警備に当たっていた全日警の隊長は、このように語っている。

「一番心がけていたことは、接客態度に気をつけることです。常に飛行機を利用するお客様が相手ですので、どんな仕事でもお客様の承諾を得て行動することが大事でした。それがスムーズに警備できるポイントなのです」

ハイジャックを未然に阻止！

羽田空港での警備は、その後の空港保安警備において全日警が大きな信用を勝ち取る端緒となった。これは片岡の言うとおり、警備員の日々の行動によって信頼を得た成果であった。というのも、ある全日警の警備員がハイジャックを未然に阻止したことがあったからだ。当時の羽田空港のボディチェックは全日警一社で担当していた。

一九七五年（昭和五十年）四月九日午後四時五十分ごろ、札幌発羽田行きのジャンボジェット機内でハイジャック事件が勃発した。

乗客の男性が隠し持っていたピストルを客室乗務員につきつけたのだ。震え気味の声で「飛行機を滑走路南側につけろ。乗客を降ろすな」と脅迫した。３０００万円を奪って、国内のどこかの上空からパラシュートを使って脱出しようとしていたのだ。

そのうちに飛行機が空港に着陸し、身代わりとなった客室乗務員と機長を助けに全日警の警備員が現場に駆けつけた。機長は犯人の説得に努めていた。そこにその警備員も加わった。

「お前は誰だ、警察か？」

「ちがう」

「馬鹿にするな！」

叫ぶその男はピストルを警備員に向けた。私服の警察官が入り込んできたのを認めた警備員は、犯人の気をそらすために問答を続けた。

「要求をいいなさい」

「うるさい、動くな！」

ヒステリックに大声を出したその犯人に警備員と私服警察官が飛び掛ったのは同時であった。犯人はその反動でピストルの引き金を引いた。大きな爆発音が機内に響いた。本物のピストルだったのだ。

一人の犠牲者も出さずにハイジャック犯を捕まえたこの出来事には、片岡はとても感激した。自らの手によりゼロから起こした会社が社会の役に立ったことを実感できたからだ。

そして、それは同時に全日警が日ごろ警備員に教え込んできた教育の成果が現れたことを意味していた。また、警備業界においても臨機応変に対応することができる警備員をどれだけ育てられるかが、その警備会社にとって飛躍するかどうかの分かれ目になるとわかったのである。

こういった一連の警備員の活躍が後の全日警の礎を築いたといっても過言ではなかろう。羽田空港での警備実績が評価され、全日警は空港保安警備においては、大きな信用を受けることになる。一九七八年（昭和五十三年）には成田国際空港の警備を開始した。成田空港の造成が始まったころには、すでに羽田空港の警備を手掛けていた全日警は、成田空港の警備の営業を始めていた。

「数ある大型施設の中でも、空港保安警備は通常のオフィスビルや商業施設と違って特殊なものです。ですから、空港保安警備を依頼する空港会社が警備会社に求めることは『経験と実績』です。その意味では羽田空港の警備を担当し、実績に強みを持った当社は空港保安警備における信用を受けておりました」と、営業マンは話す。

その営業マンの言うとおり、全日警はその後、空港保安警備を次々と受注する。一九九四年（平成六年）には、大阪府の泉州沖に埋立てで造成され、日本初の二十四時間空港になった関西国際空港、二〇〇五年（平成十七年）には、愛知万博の開催に合わせて開港した名古屋の中部国際空港、また、二〇〇六年（平成十八年）に開港した神戸空港と新北九州空港などの警備を担当し、今日に至っている。

空港での勤務（上・手荷物検査、下・巡回警備）

「空港保安警備は専門技術や高い知識が要求されます。例えばX線による手荷物検査です。モニターを見て、機内持込制限品にすべき危険物の有無を瞬時に判断するには、最低でも一年以上の経験が必要です。月に一回以上行われる模擬訓練で、適切な対応ができなかった場合には担当を外し、もう一度基礎から教育を行います。この厳しい姿勢もお客様を第一に考えれば当然なのです」

中部国際空港の担当者はこのように話す。そして片岡も警備員の〝プロ意識〟の必要性を強調するのである。

「一口で言えば、われわれは職場で、一人の専門家としての自覚と責任をもって、与えられた仕事を立派にやり遂げようとする心構えを持つことが『プロ意識』です。契約先は、盗難、火災などの非常事態に備えるために、警備料金を支払って専門の会社に警備を委託しておられるわけですから、仮にも警備の第一線で勤務する職員が、『イザ』というときにウロウロするだけで、その任務が果たせないとしたら、プロとしてこんな恥ずかしいことはありません。

したがって、素人とは違って、プロの世界では仕事に対して少しも苦労を厭《いと》いません。責任が強いので、そこに厳しさがあるのは当然のことなのです。このためには、当社の社員一人残らず自分の専門の仕事については進んで自学研修に努め、まず仕事の基本になる教養を十分に身に付け、これをいつでもどこでも活用してとっさの場合に、反射的に行動できるように実力を養っておく必要があるのです」

片岡は続けて話す。

「職種や職位によって、警備のプロはもちろんのこと、営業のプロ、総務のプロ、経理のプロなど、それぞれ仕事は異なり、その在り方は違っていても、それぞれがプロであると自覚することが大事なのです」

全国警備業協会長に就任

警備業法が制定されて約十年経った昭和五十年代後半、警備業を管轄する警察庁で警備員の教育の質を向上させようとする動きが出てきた。警備業法の見直しである。

警備業界が引き受ける業務も年を追うごとに広がってきていた。その守備範囲も企業のオフィス管理やイベント、工事現場の警備から、消防・防災の周辺業務にまで進み、さらには空港、原子力発電所やその関連施設、石油コンビナートの保安・警備といった分野にまで拡大していった。

このように警備業界が社会に及ぼす影響は日増しに大きくなったにもかかわらず、警察庁や公安委員会の目には警備業界の実態は十分ではない、と映っていたのである。それは警備業が届出だけで開業できるため、反社会的な人たちが進出したり、また、警備員教育も十分とはいえないところもあったからだ。

改正警備業法は一九八三年(昭和五十八年)に施行されたが、改正の中心は「警備員の認定制度」であった。これまでは各社が採用した人を各社独自に教育していた。しかし、改正警備業法では警備員に公的な資格を与えることで教育を徹底させる、という内容であった。

この制度の導入により、警備員になるには、それ相応の努力が以前にも増して求められるようになった。だが、警備員が国家資格になったことで、警備員は国家が資格を認定したプロであり、警備員としての自覚と自信、そして誇りを持つことにつながる。つまり、警備業務そのものが国民の信頼を背景にしたものとなり、警備業の信用を高めることになる。

また、同法では国家資格として「警備員指導教育責任者資格」が設けられた。

一九七二年（昭和四十七年）に施行された警備業法では、警備業者に自社の警備員への指導教育が義務付けられたことは、前に触れたとおりだが、その当時は指導教育の具体的な方法は示されていなかった。そのため、指導内容の記録を見ると、警察庁等が発行した解説書の内容の丸写しなど、適正な指導教育が行われていないと感じられる状況が見られたのだ。

また、教育担当者も会社によっては警察ＯＢであったり、その社員であったりと、バラバラで、警備業務に関しての知識、技能や教育の技量には大きな格差があった。

そこで改正警備業法により制度化されたものが「警備員指導教育責任者資格」である。教育担当者に指定される人は、警備業務に関する知識や能力などに一定の水準を確保するようにした。とにかく、警備業者の指導教育に関する責任の所在を明確にし、警備業者の警備員に対する指導教育が適正に行われるようにもっていくことが資格の制度化の最大理由であった。

この改正警備業法の制定は、片岡が東警協の会長に選ばれ、業界のリーダーとして先陣を切った時期と重なる。現場の課題や問題点を知り抜いている会社から出したいという業界の声もあって、片岡の名が挙がった。全日警はすでに羽田空港や成田空港などの大型施設の警備を始めていたので、現場の警備のノウハウなどを持っていたのだ。こういった時代背景もあって、片岡が会長に選ばれたわけだが、その背負った責任は非常に大きなものであった。

「東警協会長として、在任中に一番力を入れたことは、やはり『警備員教育』でした。特に警備業法の改正により、新たに『警備員指導教育責任者制度』が開始されました。

全国警備業協会の会長就任時の片岡氏（2002年5月）

警備業法の制定時と同様に、再び警備員の教育に注力していくことになりました。私なりに今まで経験してきたことを存分に活かし、業界の力になることが出来ればと思って一生懸命にやってきました」

さらに、片岡は業界の舵取り役を務めることになる。二〇〇二年（平成十四年）五月の全警協会長への就任である。

全警協（全国警備業協会）は、警察庁所管の公益法人で、警備業務の適正な運営を確保して、警備業の健全な発展を図り、社会公共の安全に寄与することを目的として設立された。警備員教育、警備業務の適正化及び技術の向上に関する調査研究などを行う。二〇〇六年（平成十八年）七月現在で、約六千七百社が加盟している。

片岡は、二〇〇六年（平成十八年）五月までの四年間、全警協の会長の職務を担うことになるのだが、この時期はまさに激動の時代であった。イラク情勢や北朝鮮問題など国際情勢も緊迫化の一途を辿《たど》り、国内においても社会構造や経済構造が激変し、新潟県中越地震に代表される自然災害も発生した。そうした中、警備業を取り巻く環境は厳しさを増すと同時に、警備会社に対する期待と要請は高まっていった。

「この高まる社会の期待にどう的確に応えていくかが私に課された最大の課題であったと思います」と片岡は振り返る。そして、その課題に応えるためには、いつの時代も「警備員の教育」は不可欠なものである。

片岡が全警協の会長を務めていた二〇〇五年（平成十七年）十一月の改正警備業法では、「警備員の知識及び能力の向上」を図るべく、検定制度と警備員指導教育責任者制度の大幅な見直しが図られた。これは警備員教育を法律的に力強く後押しするものであった。さらにこの法律では「検定合格者の配置義務化」も規定された。

この改正法の制定に当たり、全警協は業界の代表として、警察庁当局の担当官などと幾度となく検討・研究を重ねた。そして可能な限り、業界の総意を反映したものになるよう、全力を尽くした。結果として、警備業各社が全力で取り組んできた警備員の特別講習が重要なものとして位置付けられ、その検定資格を法律によって明確に国家資格として認定、保証されることになったのである。

全警協の会長を務めた片岡は、この成果を次のように語った。

「各都道府県協会のご協力を得ながら、各種施策にいち早く取り組みました。私が全警協の会長時代に、施行された警備業法の改正に適切に対応することが、われわれ警備業界の次のステップにつながるものと確信しています」

〝ローマは一日にして成らず〟という言葉が示すように、全日警が今日までの社会的信用を築き上げてきたのも、地道な警備員の教育によるところが大きい。だが、教育に「終わり」はない。したがって、これからも全日警は「技術と知恵を磨くことで質の高い警備サービスを生む」という片岡の信念の下に、着実な伸長を目指していくのである。

横浜ランドマークタワー

地上七十階の超高層ビルで、現在日本で一番の高さを誇る。一九九〇年（平成二年）三月二十日着工、一九九三年（平成五年）七月十六日開業。三菱地所が保有。三菱重工業横浜造船所のドック跡地に建設された。神奈川県横浜市西区から中区の海岸沿い地域一帯を埋め立てして作られた巨大な複合都市「みなとみらい21」地区の玄関口に建設されている。

警備業法

一九七二年（昭和四十七年）に制定された警備業について必要な規制を定めた警察庁所管の法律。警備業者や警備員の資格や社員教育、業務についての条件などを定めている。かつて警備員による窃盗などの不祥事が多発した時期があり、労働争議や各種の紛争において警備員が不当な暴力を働いたこともあったことを受け、このような事態を改善するために設けられた。

第3章

信用を売る警備業の社会的使命

「家庭の笑顔」が絶えない社会づくりに貢献する――。

警備会社の仕事は企業、イベントの警備から、家庭そして個人の領域にまで広がってきている。何より安全・安心の確保がすべてに優先する。

ホームセキュリティ導入の際にも「コストがかかる」と反対する声もあったが、片岡は「向こう十年は利益よりも普及への下地づくりだ」と意を決し、将来のホームセキュリティ市場を見据えて導入を決断した。「家庭に警備の目をおく」ために、ホームセキュリティの必要性を強調する。

第1節　全日警飛躍のスプリングボードとなった大阪万博

「六千四百万人の入場者」を相手にした警備で自信をつかむ

「大阪万博での経験は、全日警にとって非常に大きなものでありました。現場で経験を積んだことで、その後、要所要所に頼りになる幹部を置くことができるようになったのです。全日警はこの〝関ケ原の戦い〟ともいえる大阪万博を経て、会社の基盤がより強固になりました。経済基盤、人的基盤、知名度など、会社として、警備業への自信がついたのです」

このように大阪万博を振り返るのは全日警幹部である。

大阪万博での警備を任された全日警が会社としての基盤を整えたことは、事業の見通しがつくことを意味する。そして、何より大事なことは、大きなイベントを経験することで人材は育っていくということである。大阪万博の警備を担当したことは、全日警にとって大きな財産となったのだ。

一九七〇年（昭和四十五年）三月十四日から九月十三日の半年にわたって、大阪府吹田《すいた》市の千里丘陵《せんりきゅうりょう》で行われたのが「大阪万博」だ。日本を含む七十七カ国と四つの国際機関が参加したこの大イベントには大きな課題があった。それが「警備」である。

これだけのイベント、いわば〝お祭り〟を日本の警備会社はもちろんのこと、警察でさえも経験したことがなかったからだ。入場者は六千四百万人を超えた。「想定される混雑にどう対処すべきか」――。警察も会場がどのような人の流れになるかを事前に調べるため、大阪万博の三年前に、カナダのモントリオールで開催された万博に調査員を派遣していた。

全日警が飛躍するきっかけとなった大阪万博（1970年、共同通信）

「いくらなんでも警察だけで手に負えるものではない」ことが判明し、警備会社に白羽の矢が立った。ただ、カナダでは州の警察、王室警察、警備隊の三者が警備に当たっていた。査察に行った警察は、複数の異なる組織が警備することは意思疎通を図る上でも難しいと判断した。結果として、大阪万博では一つの業態、つまり警備会社が採用されることになった。

そもそも世界的規模の大きなイベントを日本では誰も手掛けたことがなかった。東京オリンピックはあくまでも、代々木公園や国立競技場という箱モノの中で行われたイベント。範囲が限られており、人の流れもおおよそ予想ができた。しかし、大阪万博は出展する各国のパビリオンが建ち並び、警備する対象範囲も実に幅広く、人の流れも朝・昼・夕で、どのように変わるかわからない。

大阪万博の会場は、「東」「西」「南」「北」と、岡本太郎氏によって創られた『太陽の塔』がある「中」の五ブロックに区切られていた。その中で、全日警は最初に担当ゾーンが決まった。日本庭園や旧ソ連、東欧諸国の出展コーナーがある「北ゾーン」である。このとき、大阪万博で警備をした各警備会社の警備員の総人数は約千二百名。交代で警備をすると考えれば、約八百名程度しか警備に当たることができなかった。

とにかく、警備員は人手不足の時代であった。六千四百万人を八百人で警備するのであるから、警備会社の負担は相当なものであったのだ。警備員が何か手違いをして、入場客に怪我でも負わせれば、「業務上過失傷害」である。入場客にとっては〝お祭り場〟だったかもしれないが、陰で警備をしている警備員たちにとっては〝戦場〟であった。

「モノ」を守ることと「ヒト」を守ることは違う

世界中から訪れる要人や観客の警備をどうすべきかは、警備会社各社の命題だった。全日警も、北ゾーンの担当であり、その北ゾーンには旧社会主義国からは国威発揚のために出展した国もあった。会場視察と海外見学のため、多数のＶＩＰが会場を訪れることが予想されるだけに警備は万全でなければならない。万一、戦前、日本訪問中のロシア皇太子が襲われて負傷した大津事件のようなことが起こったら、国際問題に発展しかねない。万博警備には厳重なうえにも、さらなる厳重さが求められた。

この大阪万博の警備で学んだことは多かった。騒ぎになるような不祥事こそなかったが、教訓として得られるものがあった。それこそ、「警備員の教育」であった。大阪万博では、いくつかの課題が浮き彫りになった。そしてその原因は警備員に対する教育不足にほかならなかった。人手不足を解消するために、焦りに焦って集めた警備員には、一番大切な教育がきちんと行き届いてなかったのだ。

といっても、警備員の質が悪いとか、応対が悪いといった問題ではない。万博のような国家的なイベントになると、訪れる人も千差万別である。警備員の応対も、その場その場で、その人その人に対して個別の適切さが求められる。

警備員は常にどんな事態が起こっても対処することができるような「機敏さ」と、「三百六十度全体を見渡して冷静な判断ができる能力」を備えていなければならないのである。

マニュアル通りの一律な応対では、顧客の期待には応えられない。警備員が、不審者にとっては近寄り難い存在であり、一般の人には、親しみやすく頼れる存在になるというのは、考える以上に難しいものなのである。

この大阪万博を乗り越えた全日警は、独自のマニュアルや警備教範を作り、警備員の指導に徹底的に力を入れていった。その結果、飛躍的な発展を遂げることになった。

「『モノ』を守ることと、『ヒト』を守ることとは違います。依頼先の現場で勤務する警備員が、全日警の看板を背負って、信頼に応えうる会社であることをアピールしてくれるのです。警備員が求められた職務を全うすれば、自ずと信用も得られます」

片岡は「警備業は信用が第一」だと言う。そしてこの信用は現場の警備員が勝ち取ってくれる。だからこそ、警備員教育は、信用商売の警備会社にとっては、大切な商売道具ともいえるのである。

ここから全日警は、日本を代表する警備会社に登りつめることになる。航空会社や空港の警備も大きな仕事になった。他の警備会社と共同で羽田空港を警備したのを筆頭に、成田空港、中部国際空港、大分空港、北九州空港……と日本の各地にある空港警備を続けざまに受注した。

片岡は着実に業績の伸長を成し遂げた。「至誠、責任、進取、親愛」の八文字を社訓に、たった五人で始めた全日警が、将来四十を超える支社を持ち、社員も四千人を超えるほどの大手警備会社になるのである。

だが、この大阪万博以後も各警備会社を悩ます課題は存在していた。

もともと警備業は好不況に関係なく伸び続けてきた。好景気のときは、注文を受けきれないほど、警備依頼が殺到する。また、不況になればなったで、世相はあれ、治安が悪化するため、警備が必要になってくる。警備への需要は右肩上がりで、当然のことながら人手不足となり、警備員を募集しても応募者が足りないといった具合で、慢性的な警備員不足に悩まされることになった。

第2節 慢性的な人手不足で、人材育成に努力

膨大な費用がかかる機械警備を導入

大学生が就職する時期を迎えて職業選びをするときの風潮を説明する際に、よく『花長風月』という言葉が使われる。

意味は花形の職業であること、長期休暇が取れる企業であること、社風が良いこと、月給が高いことだ。ところが、警備会社は就職学生にとって、きつい、汚い、危険、のいわゆる〝3K〟の代表職種という印象が強く、嫌がられる部類であった。男らし

い、規律正しい、正義感、信頼される職業だとは評価されなかった。

全日警では高卒を中心に専門学校卒、大卒を採用してきたが、そこで警備員不足だからと、採用レベルを引き下げてむやみに採用してしまえば、警備員の資質に欠ける人を採用してしまい、会社の信用を落すことにもなりかねない。

また、不況のときは、警備を依頼するクライアント（依頼企業）は警備費用を安く抑えようとする。そこで仕事を受ける警備会社の中には少々、安値受注で仕事の件数を伸ばそうというところも出て、ダンピング競争になりかねないのである。

ダンピング受注すると、警備員の教育に資金を注ぎこむ余裕がなくなる。当然、警備員の教育が手薄になり、仕事の質も落ちることになる。

このように人材確保に大変な労力とエネルギーを費やすことになるわけだが、片岡は、どんなときでも、警備会社は人材の教育に努めていくことが企業存続の大前提になるとして、「質が高く、優秀な人材の確保を心掛けていた」のであった。

「そんな巨額な投資をして良いのか」——という疑問を投げかける社員の声があった。しかし、人手に頼る常駐警備だけをしていたのでは、人員不足は解消しない。そのうえ、近い将来には人件費高騰が経営を苦しくさせることになる。時代は否応なく機械化へと進んでいるという認識を持っていた片岡は機械警備の導入を決断した。このときの判断は間違っていなかった。このとき機械化を進めた全日警は、その後規模を拡大し、大手警備会社に成長することができたのである。

事実、資金力のある会社は、すぐさま機械化に取り組んできた。そして機械化された警備システムを販売するようになった。全日警も一九七五年（昭和五十年）に「ANSシステム」という独自の機械警備システムを開発・導入し、販売を開始した。ANSシステムは契約先企業に設置した各種センサーやカメラを全国各地区のコントロールセンターとオンラインで結び、センサーが異常を感知したら、直ちにコンピュータ処理して警備員に異常を知らせると共に、警察署や消防署に通報する仕組みになっている。

警備会社が社会にしっかり根付く産業として発展するにつれ、仕事の依頼が増え、マンパワーに頼る常駐警備にも限界がきていたのである。そして、人件費の急増も経営を圧迫する大きな問題として浮上してきていた。

今日では当たり前になっているが、機械化することで、少人数でも効率的、組織的な警備が可能になり、さらに警備業務の拡大も図れる。そして、全日警は創業間もなく三十台ほどアメリカのピンカートン社から警備機械を導入したのである。

機械警備が功を奏して、解決に導いた事件がある。一九六九年（昭和四十四年）に起きた連続射殺事件である。東京・千駄ヶ谷の英語学校に不審者が侵入したのをセンサーが感知し、近くを警備の車で巡回していた警備員に通報が届いた。駆けつけた警備員と、金品を物色中の若い男がもみ合いになり、若い男は拳銃を発射して逃走した。が、警備会社から通報を受け、駆けつけた警官がその男を取り押さえた。

この若い男が東京、京都、函館、名古屋で四人をピストルで射殺した「警察庁広域重要指定108号事件」の犯人、永山則夫《ながやまのりお》であった。

この事件で、警備業が「人」と「機械」の連携で運営されることを国民も理解するようになった。こうして機械化により、いち早く不審者を感知し、即座に警備員が駆けつけられるシステムを構築していけば、より広く、無駄なく警備ができるのである。

機械警備は、警備室を拠点にした巡回警備とは質的に違っていた。機械警備は、警備を依頼してくる企業のビル設計にまで関わることで、警備の業務も拡大することにつながっていった。それは、ビルの設計段階でセンサーなどの感知機を組み込んでもらう必要があったからである。その方がビルの運営も効率的になるし、出来上がったビルの見栄えも良いし、配線もきれいにできる。つまり、仕事の依頼主とビル設計を話し合うことまで仕事の範囲が広がってきていたのである。

警備の機械化のメリットとして、まず最初に、効率的な警備が展開できることが挙げられる。このビル警備のコンセプトは、ビルが出来上がってからではなく、建設前、計画段階で決まる。

365日24時間勤務体制のコントロールセンター

このように警備会社がビルのメンテナンスにもかかわることになり、テナントも含めたビル全体の警備を請け負う、あるいはメンテナンスを含めた警備を一括受注することにもなって、業務分野はさらに広がっていったのである。

機械警備の役割の比率が高くなっていったのは、時代の趨勢《すうせい》である。

全日警は一九八九年（平成元年）に「ANS東京コントロールセンター」を開設した。全ての取引先の現状を、常に監視して把握。何か異常が発生すれば、このコントロールセンターから指示が出る。この指示を得て、問題が起きた現場近くにいる巡回中の警備員が急行するシステムになっている。現在、このコントロールセンターは、東京・江東区の「全日警センタービル」内に置かれている。

最新のエレクトロニクス技術によって生み出される各種感知機器を駆使し、コンピュータによる確実かつ迅速な対応および管理のシステムと、人間の経験による判断力と予測力の一体化を図っている。いわば、「人」と「コンピュータ」のそれぞれの良さ、長所を融合し、警備の力を最大限に引き出すのが全日警のシステムなのである。

「警備で金メダル」

「JR東海と提携することになって、会社としても大きな飛躍ができることになりました。提携後、宣伝効果もあって加速度的に経営もよくなりました」

当時を知る幹部は、JR東海との提携効果をこのように主張する。

事実、機械警備の進化により、警備会社の警備範囲は広がっていった。

東海旅客鉄道(JR東海)との提携が、その好例である。JR東海は旧国鉄が一九八七年（昭和六十二年）に民営化され、鉄道公安官の職務は警察に統合された。その結果、民営化された旅客鉄道会社は、自ら警備をしなければならなくなった。

そういう事情から同年六月にＪＲ東海は全日警との提携を決めた。この提携は全日警にとっても事業の拡大につながるというプラス面があった。ビルやオフィスのみならず、人や物資の輸送を担う鉄道会社の警備も手掛けられるようになったからである。

ＪＲ東海は「日本の動脈」である東海道新幹線を運営している。その警備が必要だということで、全日警の名前が挙がったことは、保安警備や輸送などを手掛ける同社にとっては、普段の仕事振りが評価されたことにほかならず、社内の志気も大いに上がった。

さらに全日警は東京ドームを筆頭に、横浜みなとみらいの超高層ビル・横浜ランドマークタワー、アサヒビール本社、ＮＴＴ本社など、有力企業の本社や話題の超高層ビルごと警備するという大型契約を順調に受注した。

この機械警備は今、ホームセキュリティに発展しているが、資金がかかることから機械警備導入に二の足を踏んだ会社もある。その中には淘汰《とうた》された会社もあったし、大きく飛躍できず、地方の常駐警備に留まっている警備会社もある。

全日警は業界でも大手に登りつめたが、それも片岡が新たな飛躍を目指して機械警備に踏み切る決断を下したことが、この成果につながった。

アメリカの三大ネットワーク、CBSから「全日警は世界一の警備を提供してくれた。警備の金メダルものだ」という賞賛の手紙が送られてきたのは、一九九八年（平成十年）二月の長野冬季オリンピックが幕を閉じた直後である。東京オリンピック、札幌冬季オリンピックに続く三度目の日本開催となった長野冬季オリンピックは、日本選手の大活躍で大いに盛り上がった。

長野冬季オリンピックにて（1998年）

全日警も長野冬季オリンピックを〝縁の下〟で支えた。種目が増えた関係で会場も多く、警備期間も六カ月に及ぶため、警備は数社が分担する。

全日警が担当したのは最もレベルの高い警備とサービスを要求される国際放送センター、メインプレスセンターのほか、米三大放送ネットワークのひとつ、ＣＢＳの警備だった。

なにしろ批判精神旺盛なうえ、厳しい要求をするメディアの心臓部だけに、警備には神経を使った。全国の支社から選抜した警備員に加え、海外メディアの拠点ということで、語学に自信のある者を自己申告させて選抜し、さらに本社に集めて英語を特訓して配置した。

むろん、機械警備にも力を入れた。プレスセンターや国際放送センター、ＣＢＳの入り口には、Ｘ線透過装置に金属探知機を備え付け、扱う人員も機械警備が最も発達している空港保安警備員に当たらせ、国際空港並みの警備を敷いた。

その徹底した警備と、日ごろ続けてきた教育訓練を生かした全日警の警備に対して、長野冬季オリンピック組織委員会事務総長からは感謝状が授与された。先のアメリカのＣＢＳからの賞賛と合わせて、全ての警備員の努力が報われた形となり、片岡の心の中も充実していた。

第3節

ホームセキュリティの時代を迎えて

日本の家庭もセキュリティを求めている！

欧米では、ホームセキュリティが富裕層を中心に普及している。片岡がフルート奏者の山形由美《やまがたゆみ》さんと対談したとき、山形さんからイタリア滞在中に世話になった人がホームセキュリティの話をしてくれた、というエピソードが紹介された。その知人は門から玄関まで数十メートルもある石造りの豪邸に住んでいた。

「イタリアは物騒なところだから、知人の豪邸も防犯システムが張り巡らせてありました。屋敷内にはピカソやマチスの絵画が飾られているような家でしたから当然なのでしょうが、高さ十メートル以上もある門は、訪問者を確認できれば、スイッチひとつで開閉される仕組み。屋敷中には防犯センサーが取り付けてありました。ところが、クリスマスのとき、庭の大きな木を豆電球で飾ったんですが、翌朝、起きてみたら、豆電球がすべて盗まれていた。聞いてみると、うっかりして豆電球だけは防犯センサーにつなげるのを忘れていたそうです」

実は、この一般家庭向けの警備サービス、ホームセキュリティはバブルの崩壊をきっかけに登場したものなのである。前述のように警備業界は不況時でも急成長を遂げてきたわけだが、これはホームセキュリティが世の中に浸透しつつあったということが背景にあった。だが、バブル崩壊で産業界、金融界ともに厳しい局面に陥り、リストラ、人員整理が有力企業、大企業の間で盛んに行われてきた。いわゆる一九九〇年代の「失われた十年」、あるいは「失われた十五年」という不況局面が続いた。

警備業界も新規の仕事を受注するのが難しくなり、受注競争が激しくなった。これは、常に右肩上がりで成長してきた警備業界にとっても、初めての経験であり、試練でもあった。そんな折、警備業界では、「ホームセキュリティ分野をさらに開拓していこう」という考えが広まっていた。個人住宅の警備というホームセキュリティの必要性を大手の警備会社はどこも感じ取っていた。すでに高級マンションでは機械システムを活用したセキュリティを取り込む動きが始まろうとしていたが、個人住宅の警備は、まだまだ未開拓であった。

全日警は創立三十周年を迎えた一九九六年（平成八年）に、いち早くホームセキュリティの開発に取りかかった。しかし、ホームセキュリティはなかなか利益が出そうにないということを理由に、社内では尻込みする空気が強かった。もちろんサービスの競争があり、価格競争に追い込まれることを危惧する声もあった。

料金の高い、安いという問題ではない、片岡はそういうレベルとは違うことを考えていた。もっと警備という本質的なものを大事にしていこうと「サービスの質こそが大事」と判断した。

なぜ、社内の大半はホームセキュリティの販売にあまり前向きでなかったのか？それは警備会社の営業部隊にしてみれば、苦労して顧客を説得し、受注してもせいぜい一件につき1万円ほどの売上げに過ぎない、と考えてしまうからであった。大きいビルの警備の場合、仕事を受注すれば、一件で数百万円から数千万円の金額にもなる。同じ一件ならホームセキュリティより、施設警備の仕事の方を取りたくなるわけである。その方が売上げも立つから、そのように考えてしまうのもやむを得ない面があった。

もちろん、片岡もこのことは承知していた。「同業より高い金額で受注したとしても、ホームセキュリティは、開始当初はそう利益の出る事業にはならない」。導入戸数がまとまるようになるまで、五年、十年は赤字が続くのでは、と懸念する声もあった。だが、片岡は「それでもいい」と考え、「仕事を進めよう」と指示した。

将来、ホームセキュリティの市場は大きくなるはずだ、という確信が片岡にはあった。身の回りにいろいろな危険やリスクが存在し、一般家庭でも安全・安心を掴《つか》みたいというニーズが声高に叫ばれてきていたからである。何より、そういう時代潮流になっていた。

数字的な予測でも、日本の世帯数は二〇〇七年（平成十九年）現在で五千百万世帯を超える。ホームセキュリティの料金が最低料金で月1万円とすれば、年間12万円になる。つまり、全世帯では6兆円を超える計算だ。現在の施設警備の市場は約3兆5400億円。だから、ホームセキュリティ分野は、ざっと倍の市場を見込める。こういう見通しを、片岡はすでに立てていた。

さらに、近年の凶悪犯罪の増加傾向を背景に、ホームセキュリティも多様化してきている。中には厳重なホームセキュリティの導入を希望する顧客も出てくると想定すれば、ホームセキュリティ市場は最低でも6兆円市場から、10兆円市場になってもおかしくないともいわれている。どんな仕事でも、単一の内容、一律の料金ではなく、提供するサービスの内容や中身によって、その料金も違ってくるという時代がやってこようとしていた。

「人々が今の時代に応えるセキュリティとは何か」――。片岡は市場の変化をしっかりと見極め、手を打ってきていた。

高齢者でも使いこなせる警備機器を

このように、安全産業といわれる警備業は時代と共に進化してきた。最初は、施設やイベントの警備を中心に始まったが、次は一般家庭を警備するステージを迎え、さらに個人を警備するということにまで広がってきたのである。

警備の仕事を突き詰めていくと、将来、個人の安全・安心を守るという警備が非常に大事になっていくと考えられる。極端な言い方をすれば、個人個人のガードが実施されなければ、一〇〇パーセント安全な社会は確保できないともいえるのである。

むろん、現実的には、一億人の一人ひとりにボディーガードをつけるというわけに

はいかない。しかし、ホームセキュリティで示してきたように、機械の高度化により
そうした仕事が実現可能になってくるのではないか――。片岡はそう考えた。

例えば、全日警は個人用セキュリティ機器として、簡単な操作で済む「ワイヤレス押ボタン」という機器を開発。高齢者などに軽い押しボタンを持ち歩いてもらい、危険を察知した場合、あるいは危険に遭遇した場合に、その押しボタンを押してもらう。そうすると、連絡を受けた近くにいる警備員なり、通報を受けた警察官が即座に現場に駆けつけるという仕組みである。

家を守るという意識は時代と共に変わってくる。十年後または二十年後には、一般住宅で警備システムがついていない家はない、という時代に変わってくるかもしれない。ただ、すべての世帯がホームセキュリティを導入するのは困難だとしても、そうしたニーズの高まりとともに、巨大なマーケットが広がってきているのは間違いない。

全日警がホームセキュリティのサービスを開始したのは、一九九六年（平成八年）のこと。大興電機製作所（当時）との共同で「ＡＮＳホームセキュリティ」システムを開発し、一戸建て住宅向け、マンション向け、高齢者世帯向けの三システムを用意し、ホームセキュリティ業務に乗り出したのが最初である。

いったん決断をしたら、片岡の動きは早かった。テレビやラジオコマーシャルを使って、視聴者にホームセキュリティの宣伝を積極的に行っていた。そこで使用したキャッチコピーは「ホームセキュリティなら全日警」であった。この言葉からも全日警をホームセキュリティに定評のある会社に育て上げたい、という片岡の強い意志、信念が感じ取れる。

全日警は一九八九年（平成元年）にマンション業界トップの大京管理と提携（大京管理そのものはその後、オリックスグループに入った）。以来、全日警が大京管理傘下のライオンズマンションの警備を一手に引き受けている。

最近のマンション業界は、ホームセキュリティを積極的に導入している。むしろ、「ホームセキュリティを導入していないと、マンションは売れない」と言われるほどである。そしてその機械やシステムの精密度も高まっている。機械の精度が上がれば上がるほど、顧客の満足度も高まってくるのだ。

このホームセキュリティの仕組みは、家の入口にセンサーを取り付け、不審者が侵入すると、センサーがキャッチして警備会社に異常を発信し、警備員が駆けつける、という仕組みだ。昨今の犯罪はだんだん巧妙、悪質になってきた。ひとたび家の中に侵入されてしまうと、一気に被害が拡大してしまう。警察もサイレンを鳴らして急行しても、現場に着くには三分から五分はかかる。その間に現金や貴金属、宝石等、めぼしい物をごっそり盗まれてしまう。

したがって、不審者には、まず家に侵入されない方法を取ることが一番重要なことになる。つまり、家の中への侵入をキャッチすることも必要だが、望ましいのは侵入を未然に防ぐシステムが必要だということである。

例えば、宝塚出身の女優の剣《つるぎ》幸《みゆき》さんと片岡が対談したとき、剣さんは宝塚を退団する少し前に住んでいたマンションで、泥棒に入られた経験があると語った。

そのときの泥棒は完璧なプロの泥棒だったようで、室内は荒らされた形跡もなく、現金だけがなくなっていたという。そこで剣さんは、どこかにしまい忘れたと思って、家中を探し回ったが一向に見つからない。三週間後、富山から訪ねて来た両親が普段、手入れもしない庭を掃除したとき、ガラスの破片を発見した。不思議だなということで点検し直した結果、やっと泥棒に入られたとわかった。それぐらいプロの泥棒となると巧妙な盗み、侵入を仕掛けてくる。このときホームセキュリティが導入されていれば、剣さんが経験したようなことはなかったであろう。

猫が塀の上に飛び乗っただけでセンサーが動く

全日警のホームセキュリティの威力はすごい。門はもちろん、塀の上にもセンサーが感知するようになっている。人が家の門の前に立ったり、駐車場に入ってきたりした場合、あるいは侵入者が塀の上を越えたりすると、センサーが感知して、記録し、通報すると共に、威嚇のライトが〝パー〟と点くのだ。これでたいがいの不審者は侵入を諦める。しかも、警備は二重、三重にすることが可能なのだ。

もし、侵入者が威嚇のランプに怯《おび》えず、家の中に入っても、その侵入者の存在をいち早く感知、通報するシステムになっている。そういう二重、三重の構えで、侵入を諦めさせるのも可能というわけである。

この種のホームセキュリティは、とても精密にできている。あまりの精密さに、つい自宅のホームセキュリティのスイッチを切ってしまう人もいるという。ホームセキュリティのシステムを導入していたのに、空巣に入られるという事件が起こるのも、そういう間隙《かんげき》を衝かれる場合が少なくない。

日本では、子供の誘拐や連れ去りが多発したことから、子供に防犯ベルを持たせるようになってきた。防犯ベルもさまざまな性能が備え付けられ、優れたものになっている。そういう防犯ベルを持たされた子供がいたずらをして、街中で防犯ベルを鳴らしてしまったことがある。ところが、側を歩いていた大人たちが防犯ベルの警報音に気付くどころか、誰も見向きもしなかった。なぜかというと、大人たちはそのベルの音が防犯ベルの音とは知らなかったからである。

救急車やパトカーのサイレン、消防自動車のサイレンは誰もが知っているが、その音が防犯ベルのサイレンだとは知らない。メーカーは工夫してさまざまなサイレンを開発したが、サイレンの種類が決まっておらず、防犯ベルの音を世間に周知徹底していないから、防犯ベルが鳴っても、救助を求めているのがわからなかったわけである。

セキュリティは社会を構成する一人ひとりにとって大事なもの。そう考えれば、こうした防犯ベルも、社会を構成する一人ひとりに知ってもらわなければならない。何より周知徹底が必要だということである。要するに、セキュリティシステムは、実用的な価値が非常に重要視される。高機能化を求めるあまり、複雑にしてもいけない。お年寄りや子供までが使いこなせるように工夫する必要がある。

二〇〇七年度は、一九四七年（昭和二十二年）から一九四九年（昭和二十四年）の間に生まれ、約八百万人の人口になる団塊世代の大量定年が始まった。現実に、日本は少子化と合わせて高齢化の社会に移行し始めている。防犯ベルひとつ取っても、高齢者が簡単に操作できるようにする必要がある。これは警備、セキュリティを担う者に与えられた重要課題である。

第4節 家族が笑顔で生活するために

やさしさ、ぬくもりを大切に、人々の暮らしを支え続けて

「高齢者の父親を一人にしておくことは大変心配なので、警備をお願いしたい」

こういう声や相談事が、最近多く寄せられるようになってきた。

核家族化や高齢化社会の到来により、一人暮らしの高齢者が増えてきた。高齢者自

身が自分の身を守ることは難しいので、その子供の世代からの相談が増えているのだ。

加えて、防犯と防災の問題もある。従来、防犯用には鍵を二重、三重にした仕組みのものもつくられている。ピッキング強盗対策に二重ロックが普及したし、鍵を三重にした人も少なくないであろう。それでも不安で窓ガラスを割られて侵入させないように、窓ガラスを強化ガラスに換え、一階の窓はすべて鉄格子にする家もあるほどだ。

ところが、防犯と防災は裏腹の関係にあるのだ。防犯を強化すると、防災に弱くなる。具体的にいえば、防犯用に鍵が二重、三重になり、窓に鉄格子が入ると、火災や地震のとき、逃げ場がなくなってしまうというマイナス面がつきまとう。

長所やメリットが得られる反面、マイナス面も生じてくるということも含めて、検討を進めなければならない。いろいろと解決すべき課題は少なくない。こういった問題を解決するためにも、ホームセキュリティはますます重要であり、警備会社の存在価値は一層高まっている。

親の身の安全を思う子供たちにしてみれば、それだけの機能があることを知れば、ホッと胸をなで下ろすのに違いない。

今、このホームセキュリティの普及率は低い。まだまだ未加入の所帯が多い。ホームセキュリティが必要かどうかアンケートを取ると、ほぼ全員が必要性を認めている。必要ではないという人は皆無に近い。しかしながら、ホームセキュリティを導入するかどうかとなると「ウチはちょっと……」と、一歩引いてしまうのだ。ここが普及の難しいところである。

ホームセキュリティの必要性は認めても、導入になると尻込みしてしまうのは、自分の家だけは大丈夫だろうという心理が働いてしまうからである。

そういう状況下、ホームセキュリティのハイテク化はこれからも進化していく。そして、料金の低価格化も実現している。全日警のホームセキュリティである「ハッピーガード」のサービスの中で、月々の料金が3000円を下回るものもある（二〇〇七年春現在）。顧客の生活スタイルに合わせて、セキュリティ・サービスの種類も多様になったし、顧客はその中から、「これなら」と思うサービスを選択できる。さまざまなニーズに対応したものが提供できる時代になってきている。

「家族が安心して生活を送ることができるということは、とても大事なことです。警備業がそんな社会の実現に役立つことができれば」と片岡は話す。

だから、「多様な生活様式に対応し、やさしさ、ぬくもり、快適さや居心地の良さを大切に、人々の暮らしを支え続けます」といったスローガンをホームセキュリティの販売開始と同時に全日警は掲げたのである。

「世の中の動きをしっかり見据えて、お客様の安全・安心を守り、その笑顔を見ることができると、われわれの仕事自体に大きな喜びを感じることができます」

ホームセキュリティを各家庭に販売する営業の社員もこのように話す。全日警がホームセキュリティの販売を始めたのが、全日警創立三十周年を迎えた節目の年であっただけに、片岡もこのサービスを従来の常駐警備と機械警備に加え、第三の柱にする考えでやってきた。

常駐警備と機械警備は主に法人を対象とした警備事業である。むろん、これらは快適な社会を形成するために今後も絶対に欠くことのできない事業である。しかし、近年は、これまでの社会では考えられなかった凶悪犯罪が起きている。

モラルの乱れにより、地域社会（コミュニティ）の崩壊、核家族化の進行など、さまざまな要因がそこにはあるといわれているが、高齢者や女性を狙った犯罪が最近は多発している。

特に高齢者は子供や孫と同居しない、いわゆる「一人暮らし」が多くなっている。

したがって、その高齢者はどうしても「無防備」で「孤独」なのである。無力な高齢者の家に侵入する強盗犯罪も跡を絶たない。しかも、その犯罪の姿も多様化している。そういう厳しい時代にある中で、セキュリティを追求していかなくてはいけない。

「向こう十年の利益よりも普及の下地づくりを」

昨今では「オレオレ詐欺」など振り込め詐欺や、悪徳なリフォーム、年金詐欺、悪徳商法などの被害が増えている。

特に詐欺の被害が多くなっている背景には「孤独な環境」がある。被害に遭った高齢者は「とても親切に話を聞いてくれた」「親身になって相談に乗ってくれた」と犯人について話しており、日ごろより社会から隔離され、孤独であるところを犯罪者が巧妙に衝いてくるケースが多い。

全日警は、「家庭に警備の目をおく」という分野で、家庭で万が一の事態が発生したときの対処を迅速に行うという意識を徹底し、ノウハウの蓄積に努めてきた。

片岡は「社会が、われわれ警備会社に何を求めているのか」ということについて日々思いをめぐらしてきた。警備会社のあるべき姿を追い求め、警備業の可能性をさらに引き出していくものは「何か」と考え続けてきた。

凶悪化し、巧妙化する犯罪。一人暮らしの高齢者や女性が狙われる事件が続出する中で、そうした思案が続いた。そして、片岡にその「何か」を引き出させるヒントとなったのが、「家族の笑顔」であった。子供や孫たちと接する中で得られる家族の笑顔――「これこそが、われわれ警備会社に求められていることです」と片岡は語る。

現在、日本国内でホームセキュリティを利用している家庭は一パーセント程度。しかし、十年後には現在のアメリカのように全体の二〇パーセント以上の家庭がホームセキュリティを利用する社会になると、アメリカのＳＩＡ（The Security Industry Association、「セキュリティ産業協会」）は予想している。

全日警が発売した新たなホームセキュリティは新しい「ホームセイフ」（三タイプ）に、これまた新しい「シルバーセイフ」を加えた四種類であり、「ハッピーガード」という商品名だ。いずれのサービスも最新のシステムを導入し、侵入者や火災などの異常を昼夜問わず、全日警基地局が家庭の安全を守るために監視する。

導入した顧客の感謝の声もたくさんある。

「留守中はもちろん、在宅中もしっかり監視・警備されるというのは心強い。我が家にいる時こそ一番安心していたい」（一戸建て住宅在住の男性）という声もある。

また、高齢者からの感謝の声も多い。「仕事も退職し、高齢者の仲間入りをして、妻と二人暮らし。これまでは、ゆったりと日常を過ごしていたのですが、私が持病を持っているため、健康面で一抹の不安を抱え、特に妻の外出時などは、万が一を考えるようになりました。今ではワイヤレス非常押しボタン（ペンダント式）が心強い味方になっています。それに、なにより息子たちも安心しております」（六十代の夫婦）

一世帯ずつでもかまわない。まずは家庭の安全を確保することで日本ひいては世界の安全を確保することができる。片岡は常日ごろから「警備業とは『安全産業』である。安全を守り、犯罪を未然に防ぐことが仕事である」と話す。「家族の笑顔」を生み出すためにも、警備会社が家庭をしっかり守らなければならない。

姿を変える「安全」と「安心」

警備とは「安全」を確保することが最大の使命である。これはいつの時代も根本的に変わることはない。しかし、ＩＴ（情報技術）が登場したことで、警備業の手法は時代と共に変わっていく。ＩＣカード（キャッシュカード大のプラスチック製カードに極めて薄い半導体集積回路（ＩＣチップ）を埋め込み、情報を記録できるようにしたカード）や、ＧＰＳ（Global Positioning System、人工衛星を利用して自分が地球上のどこにいるのかを正確に割り出すシステム）など、いわゆる「ハード」面での技術も進化してきたこととも深く関わってくる。

だが、「ハード」な面を重視すれば「安全」が確保されるものの、逆に見張られ、監視されて窮屈さを感じる管理社会になったと受けとめられる可能性もある。「安全」と「安心」が確保され、同時に「安らぎ」も得られる社会にしていかなくてはならない。

ある全日警の幹部はこう語る。

「将来『安全』と『安心』の概念が変わってくるかもしれません。しかし、警備員という『人』の在り方は基本的には変わらないでしょう。例えば、ある会社の警備員がその会社の社長さんに身分証明書の提示を規定に沿って要求するとします。提示を求められた社長さんが、もし『私を誰だか知らないのか?』と怒ったら、その警備員はどのような行動をすれば評価されるでしょうか?　つまり、規定に沿った厳格な警備をしている警備員が評価されるのか。それとも、臨機応変に物事の対応ができる警備員が評価されるのか。これは最終的にはお客様が決めることです」

人の「安全」と「安心」が変わりつつある。サービスの中身も多種多様であり、顧客のニーズもそれこそ多様である。そういう時代にあって、いかに的を射たサービスを提供していけるかどうかが、常に警備会社に問われることになる。

大阪万博

日本万国博覧会（ＥＸＰＯ'70）の略。一九七〇年（昭和四十五年）を代表するイベントの一つで、大阪府吹田市に広がる千里丘陵で開かれた。パリに本部をおく博覧会国際事務局（ＢＩＥ）が認定したアジアでも初めての万国博覧会（世界各国がその工業製品・科学機械・美術工芸品などを出品展示する国際的な博覧会のこと）。総入場者数は、約六千四百万人を超え、高度経済成長を成し遂げ、アメリカに次ぐ経済大国となった日本のシンボル的な意義をもつイベントとなった。

第4章

安全産業から見た教育問題

「人をあてにするのではなく、自分自身で解決策を作り上げる努力をすることが大事。しかし、迷いや悩みがあれば、友人に相談して力を借りるなど、生き抜く努力をすることが大切」と片岡は説く。

片岡は警備業の傍らチャリティーを続けている。障害者の子供たちを東京ディズニーランドに招待するのだ。みんなが泣いてしまうほど感激してくれる。人と人とが助け合い、自らも「すべての人に支えられている」というのが片岡の口癖である。

第1節

弱い者いじめはしない

戦争中に幼少期を送って

「私は子供のころからガキ大将で、学生時代はろくに勉強をせず、遊び歩いていました（笑）。大学卒業後は何か事業を起こそうと思っていて、たまたま警備業に飛び込みましたから、こういう警備業が合っていたのかもしれません。その警備業に成功したためか、人からよく仕事の相談を受けることがあります。その相談とはもっと自分に似合った、ふさわしい仕事があるのではないか、というものが多いのです」

業種によって成長性、将来性の違いはある。現在はＩＴ（情報技術）産業が全盛だが、時代時代によって業種盛運は左右される。そういう将来性を見て、自分が就く仕事を決めることも大事なことかもしれないが、すでに職業に就いている人には、片岡は「今、働いている仕事こそ、あなたに一番合っている職業だ」と答えることにしている。そういう片岡自身も、自分がやっている警備業が一番自分に向いている仕事だと思って頑張ってきたのだ。

警備業に携わる人間として、片岡が最近最も心を痛めるのは、子供のいじめの問題である。子供がいじめられて自殺に追い込まれるような事件が多発していることに大変危機感を抱いているのだ。

小学生時代には雅楽を習う。荘厳な響きに細やかな感性を養う

片岡はこうした現在の状況について、次のように語る。

「今のいじめは陰険で悪質のような気がします。いじめはいつの時代にもあるものです。もちろん戦争中に生まれ育った私の時代にもいじめはありました。しかし、昔の子供のいじめは大人から見たら、いかにも子供らしいというか、かわいらしさがありましたね。私が小学校三年生のころまで戦争が続いていたせいか、幼稚園児でも木刀を持って歩いていました。幼稚園児はとんがり帽子で、その横に毛糸のリボンがついていました。そんな姿で籠《かご》を肩からぶら下げて、手には木刀を持って振り回していたのです。それが役に立たないのは誰しも気付いているのですが、日本国中が『撃ちてし止まむ』という標語の下に、力を合わせて敵と闘うのだという空気に包まれていたころです。どこの家庭の婦人も防空頭巾を被り、竹槍《たけやり》をもって戦闘訓練をさせられた時代で、幼稚園児が木刀を振り回していても特段おかしくなかったのです」

片岡はそんな幼稚園児のときから、年上の小学生相手に取っ組み合いをする気丈な子供であった。そして、なんと実の親にも向かっていくということもあった。

当時は戦火を免れるために、鉄兜《てつかぶと》がどこの家庭にもあったのだ。「何が原因だったか忘れてしまった」と片岡は話すが、ある日、片岡は家にある鉄兜を被り、父親に向かっていったのだ。

もちろん、父親からは叱られ、裸足のまま廊下から逃げ出して、近所の駄菓子屋に一目散に駆け込んで隠れた。むろん父親に抵抗したのだから、簡単に家には戻れない。

夕方になったら、母親が父親に謝ってくれたのだろう、片岡を迎えに来てくれた。

小学生のころは、戦争により授業のない日々が続いた。当然、今のようにパソコンもないし、ゲームもない。遊びというか、娯楽が極端にない時代であったから、自分たちで考えて遊んでいたのである。

隣の幼稚園にまで出かけていたずらをすると、園長先生が「小学校に上がったはずなのにまたお前か」と呆れられた。このころから、片岡は怖いもの知らずの腕白坊主だったようだ。

どんなに殴られても向かっていく姿勢

中学生、高校生時代には喧嘩もよくした。

片岡は「来る者は拒まず、逃げる者は追わず」という言葉が好きで、もうひとつ、「向かってくる者には徹底してやっつける」という言葉を付け加えて自らの信条にしていた。

自分の懐《ふところ》に入ってくる者は、よく世話をした。正義感に強く、同級生や下級生をいじめることはしなかった。片岡は〝ガキ大将〟ではあったが、仲間内で威張ることはしなかった。ついてくる者はみんな仲間であり、みんな「一緒」という関係なのだ。その代わり、自分に向かってくる者とは徹底して闘った。それも片岡の腕っ節が強く、喧嘩が強かったからというわけではない。ただ負けず嫌いだから、殴られても、殴られても立ち向かっていくという少年だった。

その結果として、相手の方が音を上げてしまうのだ。当然、喧嘩をすると、ときには殴られて顔が腫れることもあったが、そんなことは平気だった。どんなに殴られても、とにかく相手に向かっていくので、相手が疲れ果てて逃げてしまうので、最終的には片岡が争いに勝つことになる。

こういう性格だったからか、片岡には当時から仲間が多かった。親しまれ、信頼されていた証拠である。片岡自身、仲間で上下関係があることを好まなかった。自然と喧嘩相手といえば、同級生や下級生をいじめた上級生になっていった。

言葉を変えれば、「弱い者をいじめるより、弱い者いじめをする者をいじめる」というやり方である。ガキ大将の所以《ゆえん》だ。諺《ことわざ》に「朱に交われば赤くなる」とも「類は友を呼ぶ」ともいうが、片岡はそういう一本筋を通す生き方を子供のころからしてきたのである。

また、片岡が子供だったころは、争いごとはあっても今のような陰湿で、悪質ないじめはなかった。また、集団をまとめるリーダーがその組織や集まりにいた。リーダーというより、ガキ大将といった方が早い。そこには、子供の世界ながら不文律《ふぶんりつ》みたいなものがあって、そのガキ大将は決して下級生や弱い者をいじめたりはしない。それが当時の子供たちの世界の常識であった。

逆に、強くもなく、弱くもない中途半端な生徒の方が弱い者をいじめる傾向があった。しかし、ガキ大将と呼ばれる子供のリーダーはそういうことを許さなかったものだ。周りの者も弱い者がいじめられたら、自分たちで庇《かば》うか、自分たちの手に負えなかったら、親分格のガキ大将に訴える。いじめを見逃したり、いじめる側に組したりはしなかった。そこが「今のいじめ」と「昔のいじめ」とでは大きく違っている。

なぜ、現代のような陰湿ないじめが出てくるのだろうか?

「安全・安心を守る警備業の立場で見ますと、私は親の責任ではないかと思うのです。子供の躾《しつけ》は親がすることであり、親の責任です。今では昔のように人間関係を体に染み込ませるようなことはなく、学問しか教えないようになっています。人づくりは、より一層親の責任になってくるわけです。ところが、肝心の親が、わが子の躾を放棄し、人間形成をしなくなってしまった」

片岡は今の日本の教育、とりわけ「親の責任」を訴えるのである。

「むしろ、いじめっ子の親ほど、問題を学校の責任にしてしまう。そもそも『躾』とは『身』を『美』しくと書きます。何といっても、子供の『身』を『美』しくする役目を担うのは、ほかならぬその親ではないでしょうか」

では、なぜ親が自分の子を躾られなくなってしまったのかと、物ごとを突き詰めていくと、戦後の家庭の有り様が、ガラリと変わったことに突き当たる。終戦後、少なくとも昭和二十年代までは食べていくのに精一杯で、生活が苦しいときでも、地域社会や家庭が子供の躾に当たっていた。家庭でも、父母は仕事に追われて忙しいとき、おじいちゃんやおばあちゃんが子供の面倒を見、躾をする役割だった。

しかし、日本が戦後復興を終え、高度成長時代を迎えるようになると、祖父母、父母と一緒に住むという家族のしきたりがいつの間にかなくなり、核家族化が進んだ。世代ごとに別々になり、おじいちゃんやおばあちゃんが孫の面倒を見るということもなくなり、伝統的な家庭の躾がなされなくなってしまった。昭和三十年代、四十年代に、このような環境下で育った世代もそうだが、そのような世代の子供が、今、親になり子育てをする今、すっかり躾のない世の中になってしまっている。社会のマナーがなくなっているのも、そうした時代の流れが影響しているのだ。

その結果、回りまわって、躾を出来ない親に育てられた子供が、弱い者に対して陰湿ないじめに走っているのである。周りの子も躾を受けていないから、見て見ぬふりをするか、いじめに加わって、自分が仲間外しに遭わないようにしている。

「子供を褒めて育てる」という考え方もあるようだが、人間は犬や猫とは違う。悪いことをしたら叱る。そのように人として基本的なことを、頭が柔軟で人格形成に大きな影響を受けるとされる幼少期にしっかり頭に刻み込むようにすべきである。人格形成はまず、良し悪しの判断を身に付けるところから出発するし、またそのことが本人のためになるのである。

自衛隊へ体験入隊した警備員

かつて全日警では警備員を自衛隊に体験入隊させたことがあった。今は自前の警備員教育が充実したこともあって、実行していない。その自衛隊の体験入隊の期間は一週間だったが、自衛隊員と一緒に訓練し、心身を鍛錬するというものである。それを実施したときは、躾がなっていない社員であっても、または意気地がない社員でも、訓練から戻ってきたときには人間がガラッと変わっていた。

「体験入隊すると、人間がしっかりするのです。『人』としての教育、いわゆる躾を受けてくるからです。訓練を受けたあと、当人は我儘《わがまま》をいわなくなりますし、他人のことにも気配りするようになります。もちろん、礼儀や作法、挨拶といったマナーもしっかり身に付けて帰ってきます」

そもそも、人間は〝オギャー！〟と声を出して生まれて、「パパ」「ママ」という言葉を覚えて対話するようになる。そして、その次に覚えるのは挨拶の言葉である。母や父からも、おじいちゃんやおばあちゃんからも、そして知人や近所の人からも「おはようございます」「こんにちは」「さようなら」と、社会の営みの中で声をかけられる。まずは挨拶の言葉から、人と人との付き合い方を覚えていくのだ。

ところが、成長するにつれ、挨拶を忘れてしまい、それを「よし」とする節《ふし》が昨今見受けられる。最近では社会的に高い評価を受けている大学、大学院を卒業した者でさえ、まともに挨拶ができないご時世である。そういう作法や躾のなさがいじめを引き起こす素地にもなっているのではないか、と片岡は訴えるのである。

幼少期に躾から始まる教育こそ、子供をしっかり育てることにつながっていくのではないだろうか。本来、母親の慈愛は海より深く、父親の愛情は、虎がわが子を千尋《せんじん》の谷に突き落とす、というように厳しいもので、どちらもそこに真の愛情があっての行為ということなのだ。

大学時代、神奈川県・葉山の一色海岸にて（前列右から2番目が片岡氏）

「個人の力や知恵といったものは、どんなに優秀で洗練されていたとしても、たかがしれています。能力面での個人差なんてあってないようなものではないでしょうか。やはり、自分の人生を豊かにすることで、さまざまな知恵が生まれてくるし、知識も蓄えられてくる。そして、そこから能力が生まれてくるわけです。

人付き合いを、地位の上下に関係なく、また年齢差や身分差にも関係なく広げていくことで知識や素養も高めていくことができる。最近の若い人たちが物ごとに挫折したと言って、すぐに諦めてしまうことは、とても残念に思われてなりません。自分の実力はもうここまでと決めつけてしまうのですから」

もっともっと心身を鍛え、努力していく向上心が必要である。もっと粘り強くなり、どんな事態にも耐えていく力を養っていくにはどうすればいいのか。彼らが悩んだとき、あるいは壁にぶち当たったときにどうすべきかについて、片岡は次のように助言する。

「苦しいときに、友だちや親友もいない。相談相手もいないというのはとても哀しいものです。我々の時代にはそんな悩みを打ち明けられる仲間がたくさんいました。何かにつけて、どんなに些細なことでも相談し合える相手がいたと思います。私なんかは、嫌なことがあっても仲間たちと遊んでいれば、自然と嫌なことを忘れてしまったものです」

悩みを打ち明ける友人がいないことで、結局「自殺」という悲しい選択肢を選んでしまうのは何とも痛ましい。こうした悲惨な状況からどう脱出すればいいのか――。

われわれは、自分一人で生きているのではない。人は、お互い助け合って社会を形成しているものだ。ただ、当然のことながら、人に頼ることだけになってしまっては、人間は成長できない。まず、自分が独力で生きていけるだけの力をつけていく。つまり、自立、あるいは自律の精神を付けていくことが大事である。だから、片岡は「自分自身で解決策を創り上げるようにしていく努力をしてきた」と話す。

とにかく、自ら生き抜くという考え方が大事であり、自立していく逞《たくま》しさを身に付け、そして人を思いやる優しさを持つことが大切なのである。

第2節　大勢の人が参加することに意味があるチャリティー活動

障害を持つ子供を東京ディズニーランドに連れて行く！

片岡には、二十年もの長い間続けているチャリティー活動がある。障害を持つ子供たちを、毎年東京ディズニーランドに招待している活動である。障害を抱える子供たちが、ミッキーマウスやドナルドダックと一緒になって、目を輝かせ、喜びを全身に表わしている姿を見ると、本当に嬉しくなってくる。「共に生きているんだ」という気持ちが心の底からこみ上げてくる。

このチャリティー活動は、二〇〇七年（平成十九年）で二十年目に入る。人は助け合いながら生きているのだ――という片岡の信条を具体的に実践しているのが、このチャリティー活動である。

全日警を創業したころの片岡は、とにかく忙しく、仕事に追われる日々だった。事業が軌道に乗ってくると、多少なりとも、時間に余裕が持てるようになった。そうなると、気心の知れた友人や昔の仲間とも連絡を取り合って、会合を開き、親睦《しんぼく》を深めるようになっていったのである。

学生時代に一緒に遊んだ間柄だから、集まりは大いに盛り上がった。もともと気のおけない者同士で、話がはずみ、心ゆくまで会話を楽しんだりしたものだ。

そうやって会合を重ねているうち、いつしか「何か世の中のお役に立てるような集まりにしていきたいね」ということになった。その気持ちの表われとして、障害のある子供たちを東京ディズニーランドに招待し、ボランティアの人たちと一緒になって食事やトイレも含め、その身の回りの世話をする。そうやって子供たちに一日を楽しんでもらおうという趣旨の活動である。

　この会の命名と活動について、片岡は次のように語る。

「この会合は、誰が名付けたのか知りませんが、私の名前を取って『片岡会』と呼んでいました。しばしば、周りの人から『片岡会とは何ですか』と聞かれましたが、そういうときは『遊びを教える会なんだよ』と答えていました（笑）。その後、名前をきちんとしたものに変えようという動きが出てきまして、私の誕生日の〝一月一日〟をもじって、「いちいち会」となりました。しかし、それも呼びにくいということで、省略して『一壱会《いいかい》』と名付けたのです」

　この「一壱会」にはもう一つ意味があって、いいメンバーの集まりなのだから「良い会」という意味もダブらせようと、誰かがユーモアたっぷりに提案した。「そうだ、そうだ」と全員が納得して「一壱会」という名前に落ち着いたのである。

　この「一壱会」に参加している人たちはみんな「何か社会に恩返しをしたい」という思いのある人ばかりであった。会合を重ねていくうち、誰からともなく、「みんなで何かいいことをしようじゃないか」という気持ちが高まっていった。

そんな中で、ある人から「障害を持つ子供たちが東京ディズニーランドに行きたがっているけれども、一人では行けない。何とか方法がないものでしょうか」という相談を受けた。

障害のある子供たちにとって、日本を代表するテーマパークである東京ディズニーランドは、テレビで観るものであり、自分自身が出掛けていって楽しむ場所ではなかった。片岡たちは、何とか彼らの夢を叶えたいと考え、「よし、みんなで協力させてもらおうじゃないか」と衆議一決した。

こうして「一壱会」で障害を持つ子供たちを東京ディズニーランドに招待することになったのだ。素直に喜びの表情を見せて楽しんでいる姿を見ると、本当に嬉しくなってくる。共感の輪が広がっていくのを片岡たちは感じた。

話は少々、横道に反れるが、招き猫の話に触れてみよう。招き猫の由来にはいくつかの説がある。その中でも有名なのが東京・世田谷の豪徳寺《ごうとくじ》にまつわる説である。

江戸時代初期、豪徳寺に住み着いた一匹の野良猫は、毎日住職が与える食事をすると、縁側で寝て遊んでいた。ある朝、住職がこの猫に「お前は食事を済ますと、いつも惰眠《だみん》を貪《むさぼ》ってばかりいる。遊んでばかりいないで、たまには人様の役に立つことをしなさい」と叱ったという。

その日の午後、彦根・井伊家の藩祖、井伊直孝《いいなおたか》公と家臣の武士五、六名が鷹狩《たかがり》から帰るとき、豪徳寺付近に差し掛かったところ、にわかに空がかき曇り、雷鳴がとどろき、大粒の雨が降り出している。武士たちは豪徳寺境内の樹木の下で雨宿りをしていると、一人の武士が本堂の縁側で手を上げて手招きしている猫に気付き、「殿、向こうで猫が手招きしています」と告げる。

一行は妙なことをする猫がいるものだと思いながら、本堂の軒下に入ったとたん、稲妻が走り、今まで雨宿りしていた大木に落雷し、大木が真っ二つに裂けるということが起こった。武士は住職を呼び、「この手招きした猫のおかげで命拾いをいたした。不思議な猫がいるものである」と話すと、住職は「左様でございましたか。実は、今朝ほど、この猫に遊んでばかりいないで、たまには人様の役に立つことをしなさい、と叱ったばかりでございます」と説明する。これを奇特に感じた井伊直孝は、豪徳寺を修復し、井伊家の菩提寺にした、というのである。

余談だが、時代は下って、幕末、大老の井伊直弼《いいなおすけ》が三月三日、時ならぬ大雪が降る朝、登城途中に桜田門外で水戸浪士に襲撃されて一命を落すという事変が起きた。有名な「桜田門外の変」である。その井伊直弼も豪徳寺に眠っている。明治以後も豪徳寺周辺に住む人は、井伊直弼の死を悼《いた》んで、三月三日のひな祭りをしないという風習があったと伝えられている。

人を幸せに導く話は、この招き猫のように、こうして伝えられてきている。本来、人々は慈《いつく》しみの心を持つ生き方をしてきたということである。今の世の中、人を幸せにしていくという思いが薄くなっているのかもしれない。しかし、日本人の生活の中には、こうした言い伝えがあるように、善意をもって行動する生き方があるということである。

涙を流して喜ぶ子供たち

ともかく、東京ディズニーランドに招かれた子供たちは大喜びであった。「スペース・マウンテン」にしろ、あるいは「カリブの海賊」や「イッツ・ア・スモール・ワールド」にしろ、心行くまで楽しむことができた。そして、みんながジェットコースターやボートを使ってスリルを味わったりして、幸せな表情を浮かべている。

普通であれば、車椅子だったり、身体が上手く動かせなかったり、声を上手く出せない子供たちにとっては、健常者と一緒にスムーズな行動は取れない。そして、保護者付きといっても、例えば母親が一人で連れて行くことは体力的に無理があった。が、今は違う。彼らにとっては、テレビで見るだけだったこの世界が、現実に自分たちが東京ディズニーランドにいて、アトラクションを楽しむことができる世界になったのだ。

さいわい、東京ディズニーランド側も片岡たちに協力してくれた。最初に招待したのは五十人ほどの子供たちだったが、一般の入場者とは別に設けられた入口から入ると、ミッキーマウスやドナル

自分のユニフォームをオークションにかける桑田真澄選手（元巨人軍投手）

チャリティー・パーティーには各界各層から多くの人が参加（前列左から２人目は鳳蘭氏、後列右から桑田選手、片岡氏、紀代子夫人）

ドダックが早速、彼らを迎えてくれた。東京ディズニーランドのパレードに登場するキャラクターたちや、会場を案内してくれるコンパニオンも待っている。もう子供たちは嬉しくてしょうがない。

そこでは班に分けて、片岡たちやボランティア、さらには保護者も付き添い、コンパニオンに案内してもらうのだ。ミッキーマウスと一緒にはしゃいだり、記念撮影をしたりして一日を楽しむ。笑い声が絶えない。保護者やボランティアの仲間も世話をしながら笑い転げたりして対話もはずむ。そうした楽しい一時が過ぎて、いよいよディズニーランドを後にする時間が来た。

バスに乗ったとき、再びミッキーマウスやドナルドダックがバスの側に来て見送りに来てくれた。「もっと一緒に遊んでいたいのに……。さようなら」——。帰りのバスの中では子供たちみんなが泣いてしまうほど感激してくれたのである。

その光景をみて、遊び仲間である「一壱会」のメンバーも「また来年もやろう」と言い出した。それ以来、片岡たちは毎年この活動を続けている。

もちろん、この活動にもそれなりの費用がかかる。子供一人にボランティア二、三人が付き添う上、保護者にも付き添ってもらう。さらには「一壱会」の仲間も付き添うから、子供一人をだいたい四、五人が世話するのだ。最初に五十名を招待したとき、約二百五十名の人数であった。

そこで片岡は活動費用を捻出するために、毎年「チャリティー・パーティー」を開いて、浄財《じょうざい》を集めている。

「誰かがポンと大金を出せば済むのでしょうが、それでは善意の意味がありません。一人、100円でも1000円でもいいのです。参加費を払っていただき、パーティーに参加してもらうことが大切なのです。パーティーを楽しんでもらうと同時に、パーティの人の身近な品物を寄付してもらい、それをオークションにかけて、売れた代金を資金にしています」

片岡は自らの経営センスを生かし、チャリティーの資金を集めるために、文字通り東西奔走した。そこで片岡はスポーツ選手や芸能人に声を掛けたのだ。

その呼び掛けに四百勝投手の金田正一《かねだまさいち》さんや現役の投手・桑田真澄《くわたますみ》選手をはじめ、スポーツ界、芸能界など各界の著名人が片岡の呼び掛けに賛同し参加して、チャリティー・パーティーで、彼らはゆかりの品を出品してくれた。

例えば、桑田選手の場合は、巨人軍で最後に勝利投手になったときの記念のボール、それも年月日が記入されたものや、最後に着たユニフォームを出品した。友人の野球選手も記念のバットなどを出品してくれたのである。

それだけでなく、桑田選手はチャリティー・パーティーにも参加して、参加者たちと挨拶をしたり、サインをしたりしてくれるおかげで参加者も増えた。「障害を持つ子供たちを東京ディズニーランドに招待するチャリティーもこのような多くの支援者のお力添えがあってのことです」と片岡は感謝の言葉を述べる。

第3節　教育は「家庭」から

「企業が社員を育て、社員が企業を育てる」

「『人』はとても可能性を持っている動物だと思います。それは生まれながらの赤ん坊であっても、二十歳の成人であっても、六十歳を過ぎた高齢者であっても同じです。私は経営者として警備会社を創業し、さまざまな人と出会い、いろいろな経験をしてきました。そして二〇〇六年の十月で、創立四十周年という節目を迎えることができました。これもひとえに皆さんのおかげです。『警備』という仕事は、『警備員』という『人』がすべてです。一人ひとりの人間によって私たちの仕事は支えられているのです」

昨今、親が子供を殺す、子が親を殺す、あるいは同級生がいじめをして友達を自殺に追いやってしまうという社会の基盤を揺るがすような事件が多発している。また、いわゆる「フリーター」「ニート」といった、定職や研修にも就かずに、日常を過ごしている若者たちも増えてきている。警備業にとって一番重要な「人」の生き方や働き方をめぐって、日本全体は今、大きな転換期を迎えている。

このような時期にあって、片岡は最近の若者の姿に次のような感想を抱く。

「今の若者が就職で企業を選ぶ際に、その条件が私たちのころとは違っているように思います。昔は待遇のいい仕事を求めていたのに、今ではただ楽な仕事を求めているのではないでしょうか。

年代によって違いというものがあるわけですから、それがいいことなのか、悪いことなのかはわかりません。しかし、この違いは子供の育て方や教育システムに原因があるのかもしれません。よく私は『人づくり』の話をします。この話は全日警の新入社員を前にしての入社式でも言っていることです。

『企業が社員を育て、社員が企業を育てる』

つまり、会社というものは社員を教育すると同時に、社員たちによって会社は育てられているということです。全日警は設立当初、たったの五名で出発しました。資本金も50万円という小規模な経営基盤からスタートし、現在のように資本金が4億円以上になり、従業員数も四千名を超える規模に成長することができました。これも、社員の努力が実り、そのおかげで全日警も成長し、発展してきたのだと思うのです」

現在の全日警本社（東京・日本橋浜町）

日本では古来、「国づくりは人づくりから始まる」といわれてきた。「企業は人なり」とよくいわれるが、そのためには経営の基礎となる「人」が育たなくてはならない。

敗戦を経て、片岡が子供であったころは、東京大空襲後の東京は一面焼け野原だった。それが今や、JR東京駅周辺や丸の内、大手町だけでなく、新宿副都心それに六本木、品川といったところがビジネスセンターになり、超高層ビルが建ち並び、世界を代表する都市として発展している。無資源国・日本が現在のように世界第二位の経済大国に発展してこれたのも、一概にして「人」が頑張り、努力してきた成果である。戦後の焼け野原から立ち直った日本人の「国づくり」は成功したといっていい。

では、戦後六十年経った今、「人づくり」はどう進めていくべきなのだろうか?

一般的には「教育」ということなのだが、片岡はその教育に不可欠なものがあるという。それは「心のゆとり」ではないかと語るのだ。

そして、これは「人間愛」「家族愛」を踏まえてこそ、育まれるものである。そういう基礎になるところでの人間形成が図られないから、一昔前では信じられなかった悲惨かつ冷酷な事件やいじめが起きるのである。いま、新しい「国のかたち」を決めるべく、新しい憲法づくり、教育再生などが大きな政治課題になっている。国や地域社会を愛する心とは何か、そして社会を構成する一人ひとりが協調し、生き甲斐のある社会をつくっていくにはどうすればいいのかが議論されるようになった。

国も、企業も、そして個人も基本軸をしっかり持って生きていく時代を迎えた。藤《ふじ》原正彦《わらまさひこ》氏（お茶の水女子大学教授）著書の『国家の品格』がベストセラーになり、国民の間で広く読まれ、今も読まれ続けている。

この著書の中でも書かれているが、欧米社会の精神的規範にはキリスト教があるが、日本のそれは、かつて新渡戸稲造・博士が指摘した『武士道』があるということである。誠実、勤勉、そして責任感や使命感などといった規範がそこにはあるが、もっと焦点を絞っていえば『惻隠《そくいん》の情』ということになる。やや難しい表現ではあるが、要するに、他人への思いやりを持つことが大事であると『武士道』は説くのである。必要なのは慈愛の精神である。それが人と人とのつながりを深めていくし、契《きずな》を強くしていく。

人は、強くなくては生きていけない。また、優しくなければ生きていく資格がない——という言葉がある。自らを鍛え、逞しさを身に付けていかねばならないが、同時に相手に対する思いやりも大事である。人はだれも一人では生きていけない。お互いに助け合って生きていくものだ。これが社会を「心豊かに」生きていくためにも必要な考え方だ。

人格形成は、生まれてから四、五歳までに決まるともいわれる。幼少期にこそ、強く生きる逞しさを身に付けるようにすると同時に、人への思いやり、優しさをも兼ね備えた「心豊かな人」になるような教育が大事だ。

幼少期の教育の成果が現れるのは、社会人になってからである。しばしば、「社員を見ればその会社がどんな会社かがわかる」といわれる。人によってはそれが社員の「目を見たらわかる」「顔の表情でわかる」という。しかし、片岡はそこで働く人たちの「雰囲気」で感じ取る。

「例えば、他社を訪ねたときに、受付の方から笑顔で迎えられ、心のこもった気遣いをしていただくと、うれしくなるものですね。そして、そういった応対のできる社員の方がいる会社は、成長する会社ではないか、と思うのです」

会社の社員が持つ雰囲気が温かいものであればあるほど、片岡はその会社の経営者の社員教育は、とても素晴らしいと感心する。社員を大事にしている証拠であるからだ。そういった社員を育てられる環境を作り上げることが経営者として必要な責務なのだ、と片岡は話す。

「この会社を設立したときには、みんな私より優秀な人たちでした。しかし、みんなが私を支えてくれました。とてもありがたいことです。そして、今、全日警にいる社員もみんな私より優秀な人ばかりです。彼らにとって一番働きやすい環境を与え、最大限の力を発揮してもらう。そして、会社としての足並みを揃えることが社長業の大きな役目だと思います」

「挑戦してやろう」という気持ちは萎えることはない

片岡は学生のころから、リーダー的存在でグループの中心にいた。そして、ことあるごとに率先垂範して問題解決に当たってきた。そうした生き方の中で、リーダーになることを殊更片岡自身が望んでいたわけではない。「片岡ほど面倒見のいい者は他にいない」という声を仲間がかけてくれるからこそ、片岡もみんなを楽しませるためにできる限りのことをしたいと思うのだ。

片岡の立教大学時代の友人は、「彼はとにかくどんな人をも受け入れる懐《ふところ》の深さを持っています。私が鮮明に覚えていることは、大学時代に特段親しくもない人が『片岡の家に行きたい』と言ってきたのです。片岡とは親しくさせてもらっていた私たちは、その人たちにはあまり良い印象は持っていませんでした。『ちょっとずる賢い連中だなあ』と思っていたほどです。

しかし、片岡はそんなことを全く気にすることはなかったのです。普通ならあまり親しくもない人間を自分の家に連れて行くようなことはありませんよね。しかし、片岡はどんな人でも家族のように受け入れました。器量が大きいというか、人間としての懐の深さがあったのです」と当時の片岡の様子を懐かしそうに思い出しながら語る。

昔から片岡は、だれにでも家族のように接してきた。片岡は創業当時から会社主催の旅行を頻繁に行っていた。これも社員同士での交流を深める一つのきっかけになればと思ったからだ。

「ただ、残念なのは仕事柄どうしても現場の警備員である社員と一緒に旅行に行くことができないということです。警備員は一年、三百六十五日、二十四時間、ずっと現場の安全を保っています。全社員、それも警備員を含めて温泉旅行に行くことができたらいいなと思っています」

片岡は経営者である自分が社員のためにできることは何かと常に考えている。利益を出すことも大事だが、働いてくれている社員に対して目を向けていなければならない。そして、仕事だけでなくプライベートであっても、あるイベントや企画を立ち上げる際には片岡はもちろん手伝いをする。しかし、実際に物事を始めて運営するときには、あまり口を挟まないのだ。

なぜかといえば、「みんなで盛り上げてもらいたいというのが、私のスタンスだからです。ですから、プライベートだけではなく、仕事の上でも楽しくてやり甲斐のある仕事をみんなで共有してもらえるようにすることが私の役目だと思っています」

片岡は警備会社を設立し、四十年以上も継続させてきた実績があるにもかかわらず、こういった話をする。

「私はまだまだ未熟であり、自分に自信を持っているわけではありません。ただ、私は『苦労』を『苦労』と思わず、事業に打ち込んできましたし、不安を感じてどうしようかと戸惑うこともない性分です。実際、くよくよ悩んでいても問題は解決しません。そこから先へ進むことはできません。

であれば、とりあえず一歩でも半歩でも進んでみれば状況が変わるかもしれない。さらには突破口までも開けることがあるかもしれません。こういった性格だからこそ、今までやってこれたのだと思うのです」

片岡は社員には常日ごろ、次のようなメッセージを伝えている。

「私たちは戦争後の焼け野原を経て、高度経済成長の時代に会社をつくり出発しました。チャレンジ精神にあふれ、『挑戦しよう』『やってやろう』という気持ちを持っていました。それは今でも変わることはありません。こういったことを社員には知ってもらいたいといつも感じています。

自分のことではありますが、こういったことを知ってもらうことも、社員教育の一環だと思うのです。社員たちが将来、家族を持ち、四十代、五十代になったときに挫折を味わっても、それに打ち勝つような精神力を鍛え上げてほしい。それに微力ながら私が直接目で見てきたことや肌で感じたことを伝え、彼らにも彼らなりの家族愛を作り上げてほしいと思っているのです」

片岡は何度も繰り返す――「人づくり」はまず家庭から始まるのだと。親と子の情愛そして思いやりを築くことから人づくり、教育を考え直す時が来ている。

東京大空襲

第二次世界大戦中アメリカ軍により行われた東京・城東地区（現墨田区、江東区）に対する空襲をいう。一九四五年（昭和二十年）三月十日未明、米軍のB29爆撃機約三百機による東京への大規模な空襲が実施された。この時の死傷者は約十万人以上、罹《り》災者は百万人以上といわれ、その殆どは一般市民だった。三月十日を含め、東京は百回以上もの火の雨にさらされ、市街地の六割を焼失し、およそ六百八十七万人だった区部人口は二百五十三万人に減少した。

第5章

セキュリティ産業に身を投ずる航跡

「足元のレールが熱い！」――一九四五年（昭和二十年）三月九日夜、米軍機による東京大空襲で下町は灼熱地獄と化した。東京が爆撃され燃え上がる炎の熱が総武線のレールを通じて江戸川を挟んだ対岸の片岡が住む千葉県・市川市にまで伝わった。線路が熱くなっていたのである。しかし、焼け野原となった首都圏で人々は逞しく生きようとしていた。

高校生だった片岡も「冬に氷を大量に買い付け、夏になったら高く売る」という商売を当時すでに始めていた。ビジネスの楽しさを知った原点である。

第1節 レールが熱かった

元旦生まれの〝太閤秀吉〟

「幼少時から良くいえば、活発な子ども。正直にいえば、やんちゃ者で手に負えない腕白坊主だった」——片岡は自身の少年期をこのように話す。

片岡が生まれたのは、一九三七年（昭和十二年）一月一日。元旦である。昭和十二年といえば、日華事変が起きた年。一九三一年（昭和六年）には、満州事変が起きて満州国が建国され、満蒙（満州と蒙古＝現モンゴル共和国）開拓のスローガンの下、満州へも開拓民が続々と送り込まれていった。そして、中国大陸本土での事変勃発である。世の中は騒然とし始めていた。

そういう状況の中、片岡は生を享《う》けた。元旦は医者も産婆さんも休みを取る。だから、片岡の家族はさぞ大変だっただろう。慌ただしいながらも、正月を迎えたのと、男の子が誕生したのはめでたいと、〝我が家の太閤秀吉だ〟と家族中で大喜びしたようだ。

元女子マラソンのランナーで、引退後、スポーツライターとして活躍している増田《ますだ》明美《あけみ》さんも片岡と同じように、元旦生まれだ。かつて片岡が増田さんと対談したときにお互い共通の話題である誕生日の話で盛り上がった。

戦時色強まる中で逞しく育つ

彼女は「一月一日が誕生日というのは、正月の忙しさに紛れて、なかなか誕生日のお祝いをしてもらえません。友だちからきた年賀状に『あけましておめでとう。お誕生日もおめでとう』と書いてもらうことがあるくらいだった」と語っていた。

片岡家では、家族で元旦の雑煮を食べているときに、「そういえば、今日は直公の誕生日だったなあ」なんて思い出す程度なのかもしれない。第一、ほかの人のように誕生日にお赤飯を炊いて祝ってくれたことがなかったので、少し不満気味に物を言おうものなら「日本中でお祝いしてくれているのだから良いじゃないか」と言われるのが落ちだった。実際、元日が誕生日という人は、生涯、誕生日を忘れ去られている損な役回りなのかもしれない。

片岡が生まれ育った生家は千葉県市川市であった。東京から江戸川を渡ると、すぐに市川である。片岡の家族が住んでいたのは、同じ市川市でも駅でいえば、JR総武線の市川駅のひとつ先の本八幡《もとやわた》駅である。

今日の市川市は住宅やマンション、ビルが立ち並び、商店街が広がって活気のある街だが、片岡が子供のころは今の様子からは想像できないが、田園風景が見えるのどかな雰囲気だった。

「私が子供のころは住宅があるのは駅の周辺と街道沿いだけで、周囲には田んぼや畑が多く、あちこちに農業用の溜池《ためいけ》がある、のどかな田舎でした。江戸川を挟んで東京とは隣り合わせですが、ひとつ川を渡ると、こんなにも趣《おもむき》が違うものかと思うほど、市川周辺には牧歌的な風景が広がっていたのです」

真っ赤に燃えていた東京

その市川に住宅やビルが立ち並ぶようになったのは、戦後である。戦前には『葛飾土産』『畦道《あぜみち》』『にぎり飯』『羊羹《ようかん》』などの小説を発表した作家の永井荷風《ながいかふう》が過ごしていたのも市川である。

市川には、財界リーダーや著名人が大勢住んでいた。なにしろ、東京の中心である銀座や日本橋、丸の内に出かけるには、新宿や池袋以西の練馬区や板橋区、杉並区、世田谷区などからよりも市川からの方がはるかに近い。この交通の利便さがあって、市川市は戦後の高度経済成長に合わせて多くの人が住みつくようになり、急速に発展したわけである。

片岡が生まれた家は、ＪＲ総武線の本八幡駅から歩いて五分くらいの場所にあり、家の周囲は水田でのどかな風景が広がっていた。そのころの、子供の遊びといえば、「田んぼや畑を走り回ったり、川や池で鮒《ふな》や鯉《こい》を釣ったりする」ことだった。

もっとも、その当時は戦時中で、小学校は尋常小学校から国民学校という名前に変わっていた。片岡が国民学校に通うころには、すでに周囲は戦時色一色に包まれていた。

小学校ではまともに授業が行われることも少なかった。第一、教科書も不足していた。「先生がガリ版で印刷したものを教科書代わりに使っていた」ほどだ。今の小学校のようにカリキュラムがきちんと整備されているわけでもなかった。

ましても、そのころ、学習塾などというものも存在していなかった。授業よりも、もっぱら防空演習の方が重要視されているといった方が正しかった。

片岡はこう話す。

「もちろん、腕白少年だった私にとってはその方が都合が良かったのも事実ですよ(笑)。木刀のようなものをもって『エイヤッ!』とお腹から声を張り上げて練習して一日が終わる。そんな毎日でしたね」

戦時中は特に、都心では食糧難の時代である。だが、当時の市川周辺には水田も畑もある。それに市南部は海に面し、海の幸にも恵まれている。現在はすっかり埋め立てられているが、片岡が子供のころは、海岸に行けば海水浴や潮干狩りもできたし、片岡自身も海岸に出ては釣りをして楽しんだ。その辺りは、今は地下鉄東西線が走っている。そのころは、市川や浦安の海岸は漁村であったから、魚介類も豊富に獲れた。地方のように食料が豊富とはいえないにしても、食べるものには困らなかった。

この時代、都心の小・中学校では空襲から避難するために、学校単位で長野県や福島県、新潟県などに学童疎開することが多かったが、市川あたりの学校ではそういう話はあまりなかったし、片岡が通った小学校でも学童疎開はなかった。

それだけ市川近辺は爆撃される危険が少なかった。加えて、このころは各家庭で庭先に防空壕が掘られており、敵機来襲を知らせる空襲警報のサイレンが鳴り響くと、どこの家も電気を消し、その防空壕に退避することになっていた。片岡家でも父親が掘った深さ一メートルほどの防空壕が庭にあったが、片岡は家の防空壕に入らなかったという。

「私は家の防空壕に入ったことは一度もありませんよ。そもそも防空壕が嫌いでした。もともと腕白ざかりでしたから、空襲警報のサイレンが鳴ると、防空壕に入らず、逆に家から外に飛び出して米軍の飛行機がどっち方面から来るのか、空を見上げていたりしたんです」

片岡が多分に腕白小僧で、元気の良い少年だったということもあるが、そういう行動をとっても、親があまりとがめなかった事情もある。市川は、軍需工場が少なく、水田や畑が広がっているせいか、ほとんど爆撃されなかった。川一つ隔てることで、東京と市川は全く違う世界になっていたのだ。そんなこともあって空襲警報が発令されても、防空壕にも入らず、外に出ていても平気で遊んでいられたのだ。腕白小僧の片岡少年は小さいころから怖いもの知らずで、常に新しいものや珍しいものを見ると、それに夢中になってしまう性分だった。

もっとも、片岡家の防空壕はあまり役に立たなかった、と片岡は振り返ってそういう。父や母は万が一を考え、大事な衣類や貴重品を防空壕にしまっていたのだが、大降りの雨が降ると、防空壕の中は雨水に浸されてしまう。それで、大事にしまっておいた衣類や貴重品が真っ先に使い物にならなくなってしまったというのだ。

そういう状況下にあって、小さな子供には、日本が戦争で勝っているのか、負けているのかわからなかったが、片岡が小学校二年生のころには敗戦色が濃かった。

一九四五年（昭和二十年）三月、東京は大空襲を受けた。三月九日午後十時三十分に警戒警報が発令され、二機のＢ29が東京上空に飛来、姿を現してきた。しかしながら、その二機はそのまま何もせず、房総沖に退去していった。それで都民はひと安心していたのだが、翌日の十日、午前〇時八分に第一弾が投下されてから、事情は一変した。

それから約二時間半にわたって波状攻撃、絨毯《じゅうたん》爆撃が行われたのである。各機平均六トン以上の焼夷弾《しょういだん》を搭載した三百四十四機のB29の大群が、房総半島沖合から押し寄せ、低高度で東京の下町に進入、爆撃を繰り返したのだ。B29の先発部隊が江東区・墨田区・台東区にまたがる四十平方キロメートルの周囲にナパーム製高性能焼夷弾を雨あられと投下した。たちまち一帯は、火の海と化し、住宅地、商店街は燃えさかっていった。どの地区も炎が立ちのぼり、火の壁となり、住民は逃げ場を失い、猛火の中に閉じ込められていった。

大量の爆撃で火災が起き、激しい火災は上昇気流を生み、風をつくる。風は、風速三十メートルもの強風となって吹き荒れ、火勢をより一層激しいものにしていき、火の玉のような火の粉が舞い踊った。強風に捲かれた炎が川面を舐《な》めるように駆け抜け、老人、主婦そして子供たちは次第に狭まってくる火の嵐の中を逃げまどった。逃げ遅れた人たちは、性別も判らないような一塊の炭と化すまで焼き尽くされた。まさに阿《あ》鼻叫喚《びきょうかん》の地獄絵図である。この東京大空襲で、約十万人もの人たちが亡くなった。

片岡は、市川の地から、この東京大空襲を目撃した。

「夜半、サイレンがけたたましく鳴り、家族全員が防空壕に避難しました。が、私はいつもの通り、防空壕に入らず、より高台の方に走ったんです。市川市の周囲はほとんど平地で、総武線の線路が土手になっていて、そこだけが少々、周りより高くなっていました。その総武線の線路に上り、江戸川方面を見ると、東京の空が真っ赤に燃えていました」

江戸川の川面が東京・下町の激しい火災を写して赤く映っているのである。真っ暗な夜なので、まるで黒いキャンバス（画布）に、東京中が真っ赤に燃えている光景が絵図となって、片岡少年の目には映し出されていた。

「その灼熱《しゃくねつ》が見ている私にも伝わって来るのです。というのも、なんと足元の電車のレールが熱くなっているんです。米軍が落とした爆弾は、火災を起こさせ、日本の木造家屋を焼き払う目的でつくられた焼夷弾だったとは後になって知りましたが、東京が爆撃されて燃え上がる熱が、川を隔てた市川までレールを伝わってきていたんです」

東京から伸びてくる電車の線路を触り、片岡少年はその熱さに驚いた。「レールが熱い！」――そのとき、片岡少年は異様なリアリティをもって爆撃の凄さを体感していた。

さらに片岡は続けて言う。

「振り向くと、私以外にも、その様子を見に来ていた人がいましたが、対岸で燃えさかる炎の明るさが私たちにまで届き、その人たちの顔も真っ赤に照っていました」

その翌日、江戸川に架かる橋は人の波でごった返していた。江戸川を渡って東京から千葉県にとにかく逃れようと、避難する人の列が後から続いていた。リヤカーを引っ張っている人もいるが、みんな空襲で焼け焦げてボロボロになった布団や毛布を被って市川の小学校に避難してきていたのである。町内会では避難してきた被災者に炊き出しをしていた。片岡少年は、その光景を珍しそうに眺めていた。

先述したように、この東京大空襲では十万人もの人が亡くなった。終戦直後は日本橋から富士山が眺められた、という話をよく耳にするが、実際、江戸川橋を渡って東京に入ると、江戸川に接する小岩から日本橋はもとより、もっと西の新宿の方まで、東京中が文字通り、焼け野原になっている様が見えた。片岡にとって忘れられない光景である。

第2節　冬に氷を大量に買い付け、夏になったら高く売る

板を打ち付けた電車

一九四五年（昭和二十年）八月十五日、終戦を迎えた。片岡が小学三年生のときであった。

東京は焼け野原になったが、人々は廃墟の中から、たくましく這《は》い上がろうと懸命に働いた。食料や物資は欠乏し、極度のモノ不足であったが、みんなが上昇志向で前向きだった。

片岡少年も、毎日、元気に振る舞っていた。そのころを振り返って片岡が語る。

「中学、高校時代は腕白少年を通り越して無鉄砲といった方がよかったかな（笑）。向こう気の強い〝悪ガキ〟だったんです。正月でも家の中にはおらず、外に出ては友だちとグループで遊んでばかりいました。雨の日でも、真冬の時季でも朝早くから家を

出て、外で遊んでいるのが面白かった。友だちと一緒にいることが楽しくて仕方なかったですね」

現在では、子供たちが外で元気に遊ぶ光景はあまり見受けられなくなってしまった。競争社会になり、子供たちも塾通いなどで机にしがみつく世の中になった。このことが今の子供たちの資質形成、人格形成に大きな影響を与えているのではないだろうか。友人とのコミュニケーションの中で、人付き合いの大切さを学び、人と人との間の取り方を自然と身に付けていく。人間関係が薄れ、今まで私たちが経験したことのない事件が起きているのも、今の時代状況と深く関わっているように思える。

片岡の少年時代は、友だちと遊ぶことで人と人との付き合い方を学んでいった。人を大切にするという考え方も、人と接することで生まれてくる。そうやって、人として成長していくうえで大事なことを覚えていくのである。

片岡は中学、高校時代はもとより、大学に進んだ後も、そして全日警の設立から今日に至るまで、「人」との付き合いを非常に重視する生き方を貫いてきているが、その片鱗《へんりん》は幼少期に早くもあった。

そんな片岡が入学した中学校は、高校教育まで視野に入れた、いわゆる中高一貫教育をする東京の学校であった。当時、その学校の校舎は米軍に接収されていて、やむなく、近くの小学校の校舎を借りて授業をしていた。

片岡が中学校に進学したのは、すでに終戦から四年経った一九四九年（昭和二十四年）であったが、まだ東京は東京大空襲時に被害を受けたままの光景があちこちに残っていた。中学校への通学は自宅近くの総武線、本八幡駅から電車に乗り、中学校の最寄り駅で降りて、そこから隅田川沿いに三十分ほど歩いて通っていた。

当時の電車は、戦争で被害を受けたまま、修理する資材もなく、そのまま使われていた。窓にはガラスがなく、雨や風を遮断するために板を打ち付けてあるだけだった。そのうえ、空襲で車両が焼失してしまっていたため、走る本数も少なく、いつも満員なのだ。当然のことながら、冬は隙間風が窓から容赦なく吹き込んでくるので寒くて仕方ないし、夏ともなれば蒸し風呂状態で、暑くて自然に体中から汗が流れて来るほどだった。

戦後間もないころの電車は、本当にただヒトを運ぶだけという機能しかなかった。物が余りある現在では考えられない光景だが、当時、不満をいう人などはいない。それが当たり前という時代だったのだ。

また、終戦後は、どの小学校も教科書がない状況が続いた。中学校に入っても、同じような状況が続き教科書は不足気味だった。中学校では教科書に代わり、先生がガリ版で刷ったわら半紙をノートに写して教科書代わりにした。そんな物資不足の事情もあってか、「体育の授業が多かった」と片岡は振り返る。

片岡が子供だったころの遊びは、外で走り回ることばかりだ。人数が揃えば、校庭や空き地で野球をやり、人数が少ないときや、野球に飽きたときは、時に「いたずら」もしたりする。夏なら畑の西瓜《すいか》やトウモロコシをもぎ取ったりした。

「とにかく、腕白坊主だったから、同年代の友だちと一緒のグループになって、いたずらなどいろんなことをするのが楽しかったですね」。当時はまだ、そういう腕白を許容する、懐の深い地域社会であった。物は不足し、欠乏していても、人情は厚く、人と人との関係がしっかり地域社会に根ざしていた。

また、そのころの少年たちの遊びといえば、やはり「野球」であった。戸外での遊びという遊びはほとんどやりつくしていたという片岡も、もちろん野球を楽しんだ。スポーツの才能があればその道に進むという選択肢もあったのだろうが、なにぶん遊びでやっていただけに一番大事な基礎ができていなかった。だから、「あまりスポーツで優秀な成績をおさめることもなかった」という片岡の述懐である。

そう言う片岡だが、野球は友だちとの遊びにはもってこいのスポーツだという思いが強い。ホームランを打ったときの喜び、三振を奪ったときの満足感、試合に負けたときの悔しさなど、メンバーみんなでこういった思いを共有することができるからだ。

これが、野球の良いところである。水田と畑しか周りにはなく、空き地を利用する。野球をしたりして、みんなで楽しく遊ぶ。そこには物はなくとも、何とか工夫していく知恵があった。

物は豊かでなくても、自分たちの力で何かを創り上げていく。こうした潜在力を人は持っている。それを掘り起こしていけるような社会づくりは、いつの時代も同じである。少年時代を振り返りながら、片岡はそういう思いを強くしている。

転校初日の出来事

片岡が小学生、中学生のときはとにかく腕白だった。その後高校生になったときはどうだったのか?

片岡自身は、「いわゆる『悪ガキ』だったんですよ。しかも、ただの『悪ガキ』ではなく、『ガキ大将』という存在でしたね」と笑いながら話す。

片岡が高校に進むと、その「ガキ大将」ぶりが発揮された。なにしろ、学校で、本当の「悪ガキ」と大立ち回りはするし、当時、学生服の一番上のボタンを外し、袖をまくった服装がワルを示すシンボルだったが、そんな格好で片岡は街を闊歩《かっぽ》していた。

もっとも、自宅の近くでは悪評になるので、家から駅までは普通の高校生らしく、きちんとボタンをかけていたが、駅に着くと、とたんにボタンを外して袖をまくりあげ不良っぽい服装に変わるのである。

真面目な生徒と電車に乗り合わせると、その生徒が別の車両に逃げてしまうようなこともあったという。ちょっと怖い存在になっていたようだ。片岡の評判は近隣にある学校にあっという間に広がった。当時の片岡は、とにかく面白そうだと思うと、矢も盾もたまらず行動をしてしまう。子供のころの何にでも興味を示してしまう片岡の性格は、高校生になっても変わらなかった。

ただ、「悪ガキ」あるいは「ガキ大将」といわれようと、弱いものいじめだけはしなかった。負けず嫌いは、自らを鼓舞《こぶ》することにもつながるし、大事なことでもある。

そういう強い性分、性格の者が他人への思いやりを持てるようになると、立派なリーダーに成長する。強きをくじき、弱きを助く——という生き方にもそれはなっていく。片岡も、自分より弱い者は一度もいじめなかった。ただ、悪ふざけが過ぎてその結果、高校一年生で当時通っていた学校を辞めざるを得なくなった。

その後、転校したのは東京の私立高校であった。「当時では考えられませんでしたが、今では進学校として知られているらしいですね。でも、私が転校した終戦直後はどうにもならないような悪ガキばかりが入学している学校として有名でしたよ」

もちろん、新たな学校に転校したからといって、片岡が物静かな生徒に変わる、というものでもない。片岡の〝悪ガキ〟ぶりは変わらなかった。

転校初日のエピソードを片岡はこう語る。

「当日、担任の先生に連れられ、教壇で先生の横に並び、クラスの生徒に私のことが紹介されました。そこで私は何をするかといえば、クラス全員の顔を見回すのです。夏目漱石の小説『坊ちゃん』ではありませんが、意地の悪そうな生徒の視線を感じているわけです。こうなると、自分もガキ大将であるだけに、ムラムラと闘争心が沸き起こってくる。先生の紹介の話など上の空で、このクラスの中で、誰が一番のワルなのか、二番目、三番目のワルは誰か、と目星を付けました。そして、誰をやっつけていれば、私が格下にみられずにすむだろうか、などと考えていたんですね（笑）」

そういう連中は、得てして一度弱いところを見せてしまうと、つけあがるものだ。そうすると、卒業するまで弱い者として見なされ、そういった扱いを受けてしまう。だからこそ、一番最初が肝心なのだ、と片岡は自分のやんちゃぶりに少し照れながらも、こう続ける。

「先生からの紹介が終わり、指示された席に座るとき、たまたまその日は雨だったので傘を持って来ていました。そしてその傘を机のわきに立てたんです。すると、案の定、クラスの中で一番のワルだろうと目星をつけた生徒が私の机の脇を通るとき、わざと足を傘に当てて倒していったんです。これに気付いた私は『オイ、ちゃんと立てていけ』といったんです」

その日の帰り、その生徒は校門の前で片岡を待ち伏せしていた。早速、転校初日から喧嘩になった。転校生というのは、まだ勝手が分からないうちは生意気なのが喧嘩を吹っかけてきても、我慢するなりして大人しくするものなのだろうが、そのころの片岡はまさに恐いものなしだったし、負ける気はしなかった。

初日からガツンと、相手のガキ大将をやりこめておかないと、後に尾を引く。子分扱いされてしまうか、さもなければ、自分がいじめられっ子にされてしまう。何事も最初が肝心である。片岡も、売られた喧嘩を買って出たのである。

出席しなかった卒業式

片岡のそうした意気を感じ取ったのか、意外にもそのガキ大将たちは、片岡のことを「平気で向かってくる男だ」、と一目置いたのだ。普通なら尻込みして逃げ出すか、平謝りでもしてその場をなんとか取り繕おうとするものだが、片岡は決然として、たった一人で立ち向かってきたのだ。転校初日で見せた片岡の堂々とした立ち居振る舞いに気押されたようだった。

それに加えて、転校翌日にはこんなエピソードもあった。

「上の学年の二年生、三年生にもワルがいたのです。その上級生のワルたちが、私のことを転校生のくせに生意気だというのでしょう、帰りがけに校門で私を待っていたんです。ところが、その日、私が転校前にいた高校の仲間が私の転校先はどんな学校か覗《のぞ》きに来ていたんです。

ちょうど私がワルの先輩たちと校門で取っ組み合いを始めようと緊張した空気のときだったから、悪ガキの先輩たちは、てっきり私の助っ人が応援にきたと勘違いして一触即発の状態になってしまったんです。慌てて、私は彼らが助っ人ではない、遊びに来たんだと、制止しました。双方の悪ガキたちを一人一人紹介し、乱闘寸前で食い止めました。それ以来、上級生たちも私をガキ大将と認めたようで、私に対しては文句を言ったり、嫌がらせをしたりすることもなくなったんです」

同級生だけならまだしも、上級生の先輩たちにも決して臆することがなかった。緊急事態になっても、冷静さを失わずに振る舞う。このような資質を、若いときから持っていたようだ。硬派としての片岡の名は、近隣の高校にも知れ渡るようになった。

話は変わるが、片岡が高校生活を送った昭和二十年代後半から昭和三十年ごろは、戦後日本がＧＨＱ（連合軍総司令部）の占領から抜け出て、独立を果たし、安全保障面で日米同盟関係を強くし、日本は経済の振興に専念できる体制づくりが進んだ。

政府と産業界が一体となって、いわゆる官民一体の下で、産業力を高めるべく、頑張っていこうという空気が強かった。

外貨を稼ぐために、資源や資材を海外から輸入し、それを加工して輸出するという加工貿易に力を入れて、国力を高めていった。

日本がサンフランシスコ講和条約の締結で独立を果たしたのは、一九五二年（昭和二十七年）のことであった。朝鮮戦争（一九五〇年から五三年）による特需で日本経済も復興に弾みがつき、敗戦の痛手から日本も立ち直りつつあった。国も企業も経済成長を果たし、自信を取り戻しつつあった。とにかく、国民のだれもが前向きに生きていた。

そして、国民の生活を見ると、家庭電化の時代を迎え、「三種の神器」と呼ばれる電気洗濯機、電気冷蔵庫、そしてテレビが憧れの的となっていた。「マンボダンス」に象徴されるように、この時代の歌はラテン音楽の一種で、ルンバにキューバのリズムを加えたマンボが世界的に大流行した。リズムに乗った「マンボダンス」に若者たちが熱狂していた。

こうした時代状況の中で、片岡は高校生活を送っていた。

当時、学生作家と呼ばれていた石原慎太郎氏（現東京都知事）が小説『太陽の季節』を発表し、芥川賞を受賞。自由に発想し、奔放に青春を謳歌する若者の生き方を描いた。旧来の価値観がまだ根強かった日本の社会に、こうした自由な発想を持つ若者の登場は衝撃を与えた。

そういう時代風潮を反映してか、片岡の高校時代にも、ダンス・パーティーが人気になった。このダンス・パーティーの運営をめぐって、面白いエピソードがある。

高校生たちが参加して踊るダンス・パーティーといっても、どこかのホールを予約してのダンス・パーティーであり、こうなると立派な興行である。運営側としても、二百枚、三百枚のパーティー券を売りつけて小遣い稼ぎをするというものである。しかし、そうそう簡単にパーティー券は売れない。そこで、下級生や弱い者に無理やり買わせるといった場面もあった。

ある日、自分の高校の下級生がパーティー券を押し付けられた、と片岡にいってきた。聞くと、近くの高校のリーダー格の生徒に押しつけられたということであった。それを知った片岡は早速一人で、そ

高校生時代、スキー場にて（右が片岡氏）

の高校に乗り込んで行った。そして、パーティー券を買い戻させ、金を取り戻してきた。

その高校でも片岡の猛者《もさ》ぶりが伝わっていたらしく、片岡自身は喧嘩になることも覚悟していたのだが、相手が素直に買い戻してくれたので、この問題は一件落着した。片岡の元気の良さが他の高校にまで知れわたっていたというエピソードである。

こんな話も残っている。それは他でもない卒業式であった。

「なにしろ、私は晴れの卒業式に出席させてもらえなかったほどなんです。今から思えば、本当にワルだったと思いますね。

高校時代は先生に注意されたりするたびに、私の方が悪いとわかっていても、先生に向かって憎まれ口をきいたりしていました。そんな仕様のない生徒でしたから、先生の方が、片岡を卒業式に出席させると、卒業式で何をやらかすかわからないと腰が引けてしまったようなんです」

こうした経緯もあって、卒業する片岡本人が卒業式に出ず、代わりに片岡の父親が出席するという変なことになってしまった。

高校生でビジネスを始める！

片岡の父親も息子の悪童ぶりを承知していたからなのか、式から帰ってきた後も、息子には何もいわなかった。無言の中にも、片岡には父の胸の中がうかがいしれたし、父親も無言を押し通すことで息子に諭《さと》していたのかもしれない。いずれにせよ、このことは片岡にとって人生をよく考えさせることになった。

何事も自問自答が大切である。自分のことだけを考え、自分の利益のみを主張し続けていたのでは社会は成り立たない。自省し、相手のことにも気配りするようにならなければ一人前ではない。こういうことに片岡も気付き始めていた。

片岡は、猛者たちのリーダー格を務める生活を送っている中で、高校三年生のころには大学進学を目指し、人知れず受験勉強をしていた。悪童たちとの喧嘩を繰り返していた人物が、黙々と人の目の見えないところで勉強していたというのだから驚きである。

「実をいえば、ワルを続けている一方で、高校三年のころはひそかに大学受験の勉強をしていました。小学校から腕白坊主だった私も目覚めたというか、いつまでも同じように振る舞っていると、大学にも行けないということに気が付いてきたんです」

かといって、急に真面目に勉強を始めたのでは、今まで付き合っていた仲間から「ガリ勉に転向したのか」などと言われかねない。一応、表面上はワルのフリをしながら、家に帰ると大学への受験勉強をした。人知れず努力した成果は、立教大学社会学部にストレートで合格するという形で成就《じょうじゅ》した。

驚くのはこれだけではない。今でこそ大学生が起業したり、インターネットで株の取引をしている学生が増えているが、実に五十年も前に、すでに片岡はビジネスを始めていたのだ。高校生時代にビジネスの面白さを肌で感じていたのだ。それは片岡が高校一年生のときである。

「当時、まだ電気冷蔵庫はなく、どこの家庭も、魚屋や牛乳屋にしても氷の冷蔵庫を使って食べ物を冷やしていた時代でした。我が家も氷冷蔵庫で、夏になると、母親に毎日、氷を買いに行かされました。そのころは、氷を買うといっても割当制で、一本が一貫目（3・75キログラム）の重さで、それを、今日は一本とか二本とか言われて買いに行かされるのです。

氷は荒縄で縛って運ぶのですが、家に着いたころには夏の暑さで氷が溶け、下手をすれば、半分の大きさになってしまいます。第一、氷の値段は冬であればタダ同然なのに、夏になるとグンと値段が高くなってしまうんですね。値段が高い上に、暑さで溶けてしまうのはもったいないと思うのと同時に、その仕組みに疑問を感じましてね。それなら自分で安く仕入れて商売にしてみようと考えたんです」

片岡は子供のときからあちこち遊び歩いていたから、隣の駅の市川駅に製氷会社があるのを知っていた。そこで冬に氷を大量に買い付け、夏になったら高く売るという商売を始めたのである。その際、冬に製氷会社で氷を買う。ただし、今はいらない、夏になったら受け取りに来る、という条件にするのだ。

むろん、冬に氷を買うのだから、氷の価格は夏に買う価格の三分の一以下になる。一方で、製氷会社にとっても半年前に代金を受け取ることができるのだから悪くないビジネスである。そして夏になったら、仲間を連れて製氷会社から氷を受け取り、街中の氷屋に三倍から四倍の値段で売るのだ。

最初は氷を運んで売り込むのだが、重い氷をあちこち持ち歩くのはとても労力がいるし、非効率であることに気が付く。そこでまず、ガリ版で氷の商品券「氷券」を印刷して販売し「氷券」と氷を引き替えにしたのだ。「面白いように利益が出ました。その意味でもビジネスの楽しさを知ったといえるかもしれませんね」と片岡は話す。

株式投資で稼いだお金が小遣いになる

ついで、片岡が高校三年生のとき、夏と冬の季節をうまく活用した氷の販売にヒントを得て、今度はその逆をやろうと思いついたのだ。氷は夏の商売なので、夏が終わればお仕舞いで、その後が続かない。

そこで次は氷の商売とは逆に、冬に高く売れる石炭に目をつけた。高校三年生は前述したように片岡が大学受験を意識して勉強を始めたころである。そんな中で、一つのビジネスモデルを考え出し、しかもそこに依存せず、さらに次なる手を考え出す片岡の着眼点、発想法は今から考えても、「なるほど」とうなずかせるものがある。

氷の販売の次に石炭に目を付けた片岡は、真夏に石炭を購入し、冬に暖房用として高く売る、という商売を始めた。夏は氷で儲け、その儲けを利用して冬は石炭で儲ける、というビジネスだ。この手法も、最初に手掛けたうちは良かった。

だが、そういつでもうまくいかないのが人生である。このビジネスは見事に失敗したのだ。というのも、昭和三十年代は、石炭から石油にエネルギーが転換するという「エネルギー革命」が起こったからだ。

水力、石炭、石油を三大エネルギーというが、戦前のエネルギーの消費割合は、石炭六二パーセント、水力一八パーセント、石油一〇パーセントであり、日本のエネルギーの半分以上は石炭により支えられていた。だが、その石炭が、安価で使いやすく、供給が安定している石油にとって替わられたのだ。ちなみに余談だが、一九七〇年(昭和四十五年)には、この割合は石炭二一パーセント、水力六パーセント、石油七一パーセントとなった。

今は原子力を含め、石油、天然ガス、水力、そして地熱、風力発電などバランスのとれたエネルギー資源の確保が必要とされる時代になった。

この「エネルギー革命」は、日本の産業構造を大きく変えるものであった。が、当時の片岡はビジネスを始めていたとはいえ、まだ高校生であったから、そういったマクロの経済の流れは知るところではなかった。

夏に大量に買い込んでおいた石炭を冬になって売ろうとすると、どんどん値下がりしてしまう。結局、石炭で損失を出してしまった。「経済の動きを知っていないと、思わぬ損失を出すということを身を持って知る良い勉強になった」と片岡は話す。

もちろん、損失が出たためにこれを機に、氷と石炭の〃高校生ビジネス〃からは手を引いた。その代わりに片岡は、商売ではなく、株式投資に集中することにした。

当時は50円額面の株を百株単位で買えた時代である。石炭を見切り売りして残った資金で、後楽園（現東京ドーム）の株を買ったのだ。なぜ、後楽園を選んだかといえば、後楽園には野球があるし、子供にとっては馴染みがある、ということからであった。

まず、後楽園の入場パスがもらえる五千株まで集めたいと片岡は思ったのだが、資金不足もあって千株くらいがやっとであった。だが、昭和三十年代は神武《じんむ》景気である。これは朝鮮戦争で、朝鮮半島へ出兵したアメリカ軍への補給物資の支援、破損した戦車や戦闘機の修理などを日本が大々的に請け負ったこと（朝鮮特需）により、日本経済が大幅に拡大されたため発生した爆発的な好景気である。

この好景気によって日本経済は、第二次世界大戦前並みの水準にまで回復した。この好景気のあおりを受けて、証券会社が「銀行よ、さようなら。証券よ、こんにちは」と、宣伝していた。

どの株も次々に値上がりする。片岡が買った後楽園株もどんどん値が上がった。そこで、当初の計画を中止し、株価が倍になったところで売却した。その資金でまた別の株を購入して利益を上げたのだ。ちなみに片岡の高校、大学生時代のお小遣いや洋服代は、すべて株で儲けたお金で支払っていた。片岡はこの一連の経験で株の仕組み、面白さを知った。

第3節　鈴懸の道

一度も付けなかった学年章

「一番楽しかった時期はいつだったか?」という問いかけに、片岡は「大学時代は人生で最も楽しい時期であった」と答える。片岡が立教大学を志望した理由は、立教大学の雰囲気が本人に合っていたからだという。

「立教を選んだのは、これが全く単純で『立教ファミリー』ともいえる独特の雰囲気に惹《ひ》かれたからです。都会的な『立教カラー』に地方出身者が早々となじみ、数カ月も経つと、もう一端のシティ・ボーイになっていました」

だれもが勉強に勤《いそ》しむ時期なのだが、それでもやはり、大学時代は楽しい、と片岡はいう。同じ世代の学生たちなので、趣味や関心も相通ずるものがある。さらに、学生たちは首都圏だけでなく、全国各地から集まってくるから、彼らの出身地の珍しい話を聞くことも多い。

高校までは、片岡は典型的な硬派だった。しかし、大学に入るとそれまでの反動なのか、それとも硬派を卒業したのか、もっぱら軟派になった。遊び歩いてばかりいる軟派である。

とはいっても、子供のころからのいたずらっ子で、高校時代は突っ張りだったから、立教に入ってからも、突っ張りぶりが一八〇度変わったわけではない。

例えば、こんなことがあった。入学して最初の講義が英語であった。大学生になったとはいえ、まだ高校時代の生意気さが抜けていなかったので、講義から抜け出して遊びに行こうと悪巧《わるだく》みをした。

先生が出欠を取り終わるやいなや、見つからないように、こっそり這《は》って抜け出そうとしたのだ。だが、教室を抜け出そうとした途端、他の学生が騒ぎ出し、先生に抜け出そうとしていたところを見つかってしまったのだ。先生は「あとで研究室に来なさい」と言われた。

さすがに片岡も、そのときは「まずいな」と思った。夕方、研究室に恐る恐る向かった。もちろんその時点で片岡は説教されることを覚悟していた。ところが、その覚悟もムダであったのだ。その先生は片岡を叱るどころか、「一緒に帰ろう」と言い出したのだ。

片岡に鞄を持たせた。「ボロボロの鞄で、随分、汚い鞄だな、なんて思いながらついていきますと、その途中で、食堂に入り、夕飯を奢《おご》ってくれたんです。もちろんその間、講義を抜け出したことなど、一切、触れませんでしたよ」

大学は教えてもらうところではなく、自分で勉強するところ。自分のやりたいことを一生懸命やってみろ、ということを暗黙のうちにその先生は片岡に伝えていたのであろう。中学や高校であれば、サボったり、授業を抜け出したりしたら、先生は怒鳴りちらし、片岡も向きになって、反発していたかもしれない。

だが、大学はそんなところではないのだ。すべて自分の判断と責任。先生は十八歳になったばかりの片岡を一人前の大人として見て、接していたのであった。片岡はこの先生の恩情が胸に沁《し》みた。厳しい先生ではあったが、とても人情味に溢《あふ》れ、片岡ら学生にとっては、とてもいい先生であった。

先生を困らせるようなことはしなかったのだが、それでも片岡は〝突っ張る〟ところは突っ張った。立教大学ではエンジと黄色、ブルーそしてグリーンの四色の学年章があった。いわゆる学年色だ。仮に入学したときに、エンジの学年章であったら、二年生になっても、三年生になってもエンジ色の学年章を付けるのである。だから大学を卒業するまで、エンジの学年章を学生服の襟《えり》につけることになる。

立教大学の教職員や学生は、その学年章の色を見れば、一目でその学生が何年生なのかがわかるというわけだ。片岡も三年生、四年生のころは、春になると、同級生と校庭の芝生に横たわり、通りかかる学生を眺めては、「あれは新入生だ」「服装がイマイチだ」などと言いながら、新入生たちを眺めていた。

片岡の学年は〝グリーン〟であった。別にグリーンという色が気に入らなかったわけではないのだが、「グリーンの学年章を付けているから△年生だな」と、簡単に年次が相手に知られてしまうのが片岡は気に入らなかったのだ。

上級生たちからそんな風に見られるのが嫌で、「入学したときから卒業するまで学年章は一度も付けませんでしたよ（笑）」と、片岡は学年章の思い出を語る。突っ張っていたから、上級生たちから一年生坊主と見られるのが嫌だったのである。

立教大学の建物は赤みがかったレンガつくりである。建て替えのときも、特徴のあるレンガ張りを残し、クラシックな雰囲気をそのまま伝えている。隣り合わせの立教高校も立教中学校もレンガ塀にレンガの建物で落ち着いた雰囲気である。

アメリカ聖公会の宣教師、チャニング・ムーア・ウィリアムズ主教が日本に渡り、一八七四年（明治七年）に東京・築地の外国人居留地に英学と聖書を教える私塾を開き、わずか数人の生徒で始めた「立教学校」が現在の立教大学の前身である。

加えて、立教は英語名で「セント・ポール」と呼ばれているように、大学にはチャペルがあり、そのチャペルにはツタが絡まっていて、大学らしい風雅な雰囲気を醸《かも》し出している。これが立教大学の代名詞ともいえる「モリス館」である。

『南国土佐を後にして』という歌が大ヒットした歌手・ペギー葉山さんが歌ったヒッ

ト曲『学生時代』の中に、〈ツタのからまるチャペル……〉という歌詞が出てくる。そのことについて、片岡がペギー葉山さんと対談したとき、「あの部分は葉山さんが学んだ青山学院より立教の方がイメージに合いますね」と話すと、葉山さんは「そうなんです。立教の方々が勝手に『あの歌は俺たちの校歌だ』と言っていると聞きました。本当は青山学院には、ツタの絡まるチャペルはないんですよね。あれは図書館でして、教会にはツタは絡まっていないんです」と語っていた。

実際に聞いてみると、立教をイメージしてつくった歌詞ではないかと思うほどだ。立教のOBや学生がペギー葉山さんの『学生時代』を立教の「第二校歌」としているのも良く分かる。

「立教ボーイ」はお洒落に気を遣う

また、立教大学の池袋キャンパスには、鈴懸《すずかけ》の並木道がある。その並木道は体育館の脇にあり、実に立教が「自由の学府」と呼ばれるほど、現象にとらわれず、常にその本質に迫ろうとする建学精神を象徴しているものではなかろうか。

佐伯孝夫《さえきたかお》氏が作詞し、ハワイ生まれの灰田有紀彦《はいだゆきひこ》氏が作曲し、その弟の灰田勝彦《はいだかつひこ》氏が、戦時中の一九四二年（昭和十七年）に歌った『鈴懸の径《みち》』は日本中で大ヒットした。灰田勝彦氏は立教大学経済学部卒業であるため、彼の母校への思いが歌によくこもっていた。今では、立教のキャンパスには『鈴懸の径』の歌碑が佇んでいる。

戦後、エルビス・プレスリーが登場し、世界中でロックが大ブームになる前の昭和三十年代、片岡の大学生時代はジャズの全盛期で、新宿や池袋など、大学生がよく遊びに行く盛り場にはジャズ喫茶があちこちにあった。

この時代に鈴木章治《すずきしょうじ》氏とリズムエースが『鈴懸の径』をジャズ風にアレンジして演奏した。当時、この曲も大ヒットしたが、彼も立教大学の卒業生で、大学の並木道をテーマにしてアレンジしていた、と話している。立教の卒業生でなければ思い浮かばなかったであろう。そのうえ、立教の学生たちは、「立教ボーイ」と呼ばれていた。今でもそう呼ばれているが、要するに立教の学生がお洒落だったわけである。入学したころは田舎っぽくても、半年もすると田舎臭さが抜け、立教カラーに染まり、一際目立つシティ・ボーイに変身する。

片岡自身も、「洋服を買いに銀座にしばしば出掛けた」と話している。「今とは違って、当時は銀座には男物の洋服を扱う店は二軒しかなかったんです。大学の講義が休講になったり、講義が早く終わったりして暇ができれば、銀座中を歩き回っては、流行のシャツやセーターを買い、お洒落にいそしみました」

片岡が立教に入学した時代には、すでに体育会系の学生を除き、一般の学生はあまり学生服を着ていなかった。だから、「学生服を着て、帽子を被っていたのは、入学式と卒業式くらいでしたね」と、片岡は立教の学生が学生服をほとんど着ていなかった当時を振り返る。同級生の間では、「入学したら学生服は卒業するまで仕舞っておこう」といった会話もあった。

だが、片岡はそうではなかった。しかも、帽子だけは大事にして、靴墨《くつずみ》を塗っては磨き、ピカピカにしていた。というのも、早稲田・慶應義塾・明治・法政・東京・立教の六つの大学で構成される野球リーグ、東京六大学野球があったからだ。

「六大学野球の応援に行くときは、ピカピカに磨いた帽子を被りまして、学生服を引っ張り出して着ていました」。片岡は遊びではあったが、幼少期から野球をしていたので、野球には興味があった。いつもなら時代の潮流を捉えたお洒落なスーツやジャケットを着ていたのだが、六大学野球の試合があるときだけは、応援団用に学生服を着るのだ。

「代返」を頼んで野球の応援へ

立教は学生数が少なかった。片岡は高校三年生になってから、猛勉強して立教大学社会学部に合格したわけだが、「入学試験の成績がそれほど良くはなかったのかもしれません。社会学部の中でも私が在籍したクラスには、野球部やアイスホッケー部など、そのほとんどが体育系の学生ばかり」だったという。

二〇〇六年（平成十八年）の段階では、立教大学の学生は、男性が七千七百七十一人に対し、女性が七千八百三十六人と、女性の方が多くなっているが、片岡が入学した一九五八年（昭和三十三年）当時で、すでに学生の半分は女性だった。

したがって、どのクラスでも男女比は同じくらいだったのではと思うのだが、片岡が在籍していたころは、同じ社会学部でもほかのクラスには女子学生が入っていたのにもかかわらず、片岡のクラスには体育会系の男子学生ばかりで、女性はひとりもいなかった。

大学生時代は軟派に転向した片岡だが、高校生のときの〝硬派〟というか、〝悪ガキ〟の雰囲気や態度、気質が残っていたため、どこの運動部にも平気で顔を出していた。前述したように、片岡は学年章を付けていなかったので、もしかしたら運動部の学生には片岡が先輩に見えたのかもしれない。それだけ片岡が運動部の部員でもないのに、大きな顔をして出入りしていたのであろう。

当時は六大学野球の全盛期である。立教の野球部は、「立教三羽ガラス」と呼ばれ、プロ野球でも大活躍した巨人の長嶋茂雄氏をはじめ、南海ホークス（現福岡ソフトバンクホークス）のエース・杉浦忠《すぎうらただし》氏、阪急ブレーブス（現オリックス・バッファローズ）に入団した本屋敷錦吾《もとやしききんご》氏といったスタープレーヤーを擁した黄金時代である。六大学野球が始まると、片岡は必ず神宮球場に出掛け、立教応援団の真ん中で野球部の応援をしていた。むろん、立教は連勝に次ぐ連勝。長嶋に匹敵するといわれたスラッガーで、中日ドラゴンズに入団した森徹《もりとおる》氏を擁する早稲田大学にたまに負ける程度で、その後は再び連勝街道をまっしぐらだったのである。

最近は六大学リーグで、下位をウロウロしているが、当時は圧倒的に強かった。このころ強かったのは早稲田、慶應、立教の三校であったが、立教の強さは抜きん出ていたのだ。その立教の連勝を止めるのが早大だった。

立教が強かったスポーツは、なにも野球だけではない。アイスホッケーも強かった。だから、片岡は秋に六大学野球が終わると、今度は後楽園のリンクにアイスホッケーの試合を観戦しに出向く。野球やアイスホッケーの応援と見物に出掛ける——この繰り返しだったから、授業にはほとんど出ていなかった。片岡は同級生に代理の出席の返事をしてもらう「代返」を頼んでは、運動部の試合を見に行っていたのだ。

足を踏み入れなかった「チャペル」と「図書館」

「最近、立教大学に行ってみたら、周辺には喫茶店も麻雀屋もすっかりなくなっていたのには驚きました。私が学生だった昭和三十年代は、大学の周辺には喫茶店や麻雀屋が軒を連ねていました。学生は授業が終わると、いや、授業をサボってといった方が正確かもしれませんが(笑)、大体の学生たちは近隣にある喫茶店や麻雀屋に繰り出すんです」

携帯電話がない時代だ。大学近くの喫茶店が〝事務所〟みたいなもので、片岡はよく喫茶店にたむろしていた。常連になっていたから店の亭主とも顔なじみになっていた。

だから、あらかじめ伝言を頼んでおいたりすると、友人が喫茶店に現われたときに、「片岡さんは三十分後に戻るよ」なんて伝えてくれるのである。中には溜まり場にする学生が伝言板代わりにするためのノートを置いてくれる店もあったほどだ。

「大学の門をくぐらずに、直接喫茶店に顔を出すと、たいがい同級生がいるんですよ。コーヒーを飲みながら、情報交換をしたり、取りとめもない雑談をしたりしているのですが、そのうちに一人、また一人と、仲間が集まってくるのです。その光景はまるで大学の傍の喫茶店に通学していたようなものでした」

そもそも片岡は、運動部はもちろん、どんなクラブにも顔を出していたが、意外なことにどこのクラブにも部活にも所属していなかった。それでも平気で出入りをしていたし、みんなもクラブの部員と同じ扱いをしていたから不思議である。

ここで面白いことを片岡は話す。

「大学生活四年間で、一度も入ったこともなければ、覗《のぞ》いたこともない建物がありましたね。何を隠そう、それは〝チャペル〟と〝図書館〟なんです(笑)。立教はクリスチャンでなくても入学できるとはいえ、キリスト教系の大学ですから、普通はみんなチャペルには行くんです。でも私はチャペルには行ったことがないし、勉学の〝聖堂〟ともいうべき図書館にも顔を出したことがないんですよ」

片岡は立教大学の象徴でもある〝チャペル〟には一度も足を踏み入れなかったのだ。クラブや部活の部室には我が物顔で足を踏み入れていた。だから「大学内で行ったことのない所はない」と話していたのだが、〝チャペル〟と〝図書館〟には行ったことがないというのは、何とも片岡らしい。

片岡が通っていたころの立教には地方出身者が多く、彼らは大学の近くか、さもなければ、大学に通うのに便利な場所でアパート住まいをする学生が多かった。当時の学生は今とは違ってアルバイトなどしない。特に立教の学生は裕福な家庭が多いので、親から学費や生活費を仕送りしてもらっていた。が、実はその仕送りは大学で勉強する学費に使うというより、遊びに使ってしまう。

大学の講義で使う教科書にしても、みんな最初は購入するのではあるが、すぐに古本屋に売ってしまい、試験のときにあわてて買い戻すか、まだ売らずに持っている同級生を探すのだ。そして生活費がなくなると、「親に参考書の代金が必要だ」とか「セミナーの参加費用がいる」など様々な理由をつけて、親からお金をもらうのである。

そんな親から送ってもらったお金も、その使い道といえば、友だちに食事をおごったり、酒を飲んだりして消えてしまうのである。

それだけにアパート住まいの同級生は、片岡の自宅通学とは違い、自由気ままな生活をしていた。親と一緒に住んでいるわけではないため、門限がないどころか、夜も遊び歩いていた。

「私も大学近くにアパートを借りている同級生のところに始終出入りしていました。市川の自宅から通学している私にとっては、彼らの気ままな生活が実に羨ましかったのです」

その遊びもいっぱしの大人になったものだから、盛り場に繰り出すのだ。片岡の年代の立大生は、大学がある池袋ではあまり遊ばなかった。もっぱら、新宿と銀座が遊び場だったのである。おかげで立教がある池袋西口は、気の毒にも喫茶店と麻雀屋くらいしかなかった。

片岡たちが通っていたころの新宿は、今ほど雰囲気は悪くない。コマ劇場を中心に映画館があり、飲み屋があり、喫茶店もある。若者の街であり、学生が遊ぶ健全な街だった。しかも、池袋から新宿は近い。

今では埼京線や湘南新宿ラインに乗って五分で行くことができるのだが、当時も十五分ほどで新宿に行くことができた。だから、早大生だけでなく、立教の学生も何かにつけては、新宿に出掛けていた。

特に、六大学野球で勝ったといっては新宿に繰り出し、負けたときも「残念会」だといっては神宮球場から歩いて新宿に行き、大騒ぎをした。むろん、優勝したときなどは相当な盛り上がりで、ほとんどの立大生が新宿に来て〝ドンちゃん騒ぎ〟をしていたのである。

片岡たちの学生時代は、酒を飲むことができるというだけで、その会合は盛り上がるのであった。つまり、酒を飲みたくて新宿に行くわけではないのだ。みんなで騒ぐために酒を飲むのである。

六大学野球で立教の優勝が決定したときには、新宿で学生が酒を飲んで大騒ぎしている姿が、テレビのニュースになったほどであった。酒の量だってたかが知れていた。立教の共通話題で盛り上がり、その場にいる全員が愉快な気持ちになり、その時間を楽しむことが出来るための一つの手段が「酒」であって、飲むこと自体にはあまり意味はなかったのだ。

ネクタイの代わりに装飾用のリボンを首に巻く

新宿のみならず、銀座にも片岡たちは遊びに繰り出した。向かう先はキャバレーだった。学生では銀座の高級クラブなどには入れないし、入れてもくれない。だが、そのころはまだ銀座にキャバレーがあったのだ。また、クラブでも高級クラブではなく、もう少し大衆的で、学生でも入れてくれるクラブがあった。そういうクラブかキャバレーに片岡たちは繰り出すのである。

しかし、銀座は新宿と違って、格式も高いし、大人の街。学生服やネクタイなしでは店に入れてくれない。片岡たちはそこで知恵を使うのである。

「クラブの入口の前で学生服やセーターを脱ぎまして、入口付近に飾ってある生け花のリボンを拝借してネクタイ代わりに首に巻いて入ったんです。学生が着ているようなワイシャツだから、少々、汚れていますし、ネクタイの代わりに装飾用のリボンを首に巻いているものだから、クラブのママやボーイさんは腹の中では大笑いしていたかもしれませんね」

そんな学生の愛らしさがウケたのか、クラブのママやボーイさんは、快く片岡たちを店内に入れてくれた。もちろん、お金だってふんだんにあるわけではない。「五、六人で行くとき、店の前で全員がポケットから有り金全部を出して幾らあるかを確かめる」というのだから、子供が駄菓子屋で食べたいお菓子を買うかどうか打ち合わせをするようなものであった。

数百円の人もいれば、中には数十円しか持っていない者もいる。「みんなのお金を掻《か》き集めて、今日はこれではとても足りないなあ、なんていうこともしばしばあった」と片岡は笑みを浮かべて話す。それでも平気で店内に入り、ママに、「これしかないけれど、この次に足りない分は持ってくるから」と言い訳して遊ばせてもらった。

しかし、学生だから高級クラブのようにホステスと雑談しながら酒を飲むわけではない。当時は、ダンス・パーティーが流行っていた時代である。ジャズの演奏をバックに片岡たちはダンスを楽しんだ。ダンス・パーティーをやるような場所がなかったから、銀座のクラブやキャバレーに出掛けたのである。

当然といえば当然なのだが、これだけ遊んでいればそのツケがまわってくる。そのツケとは、学期末の試験だ。この時期になると、立大生たちは大変だ。試験は一カ月くらい続く。その間、片岡は実家に同級生五、六人を連れて戻り、集中的に試験勉強をするのだ。

「生ネギを食べると眠くならないというので、かけうどんを出前してもらいまして、そのうえに大量のネギを刻んで山盛りに入れるんです。それを食べながら、ここが出題されそうだ、いやこっちが危ない、とみんなで言い合って、ヤマを張るんです。もはや、勉強ではなかったですね。ただ頭に叩き込むだけの暗記でしたね」

そのうえ、本物の勉強ではないから、ひと通りヤマを張った個所を読み上げて、頭に入れると、誰かが「このあたりまでやれば、もう良いんじゃない？」と言い出す。その言葉にみんなが流され、結局はみんなで盛り場に繰り出してしまう。

ヤマが当たれば幸運だが、当たらなかったら、それこそ悲惨なものだ。その意味でも片岡たちは吊り橋を渡るような危険なカケをしているなと思われる方も多いのではなかろうか？

案の定、ヤマが外れたときは大忙しである。試験後、一升瓶をぶら下げて教授の自宅を訪問するのである。何とか単位をもらうために頭を下げて回るわけだ。もちろん、みんながみんな、この片岡たちの懇願に応対するわけではない。しかし、中には意外なリアクションをする教授もいた。

こちらは単位をもらうために訪ねただけに過ぎないのに、「おう、遊びに来たか。よく来た」と、家に上げてくれる教授もいたという。しかも、夕方近くになると食事をしていけ、と夕食をご馳走してくれる教授もいたくらいである。そのうえ、単位までもらうことができた。

単位をもらうことができればそれでいいのだが、それが実現できなかったときは、それこそ追試となる。追試ではレポートを提出して、なんとか事なきを得るのである。昭和三十年代の教授は鷹揚《おうよう》で、割合、親切だったのだ。立教は学生数が少なかったこともあって、教授と学生の間には信頼感や親密さもあった。

それでも立教では落第があった。一年生から二年生に進むとき、単位が取れず、三割くらいが落第し、もう一度、一年生をやることになる。「二年生の学年章を付けている学生が一年生に交じって一年生の講義を受けていることがよくありましたね」と片岡は言う。

二年生から三年生になるときも落第がある。三年生から四年生に進むときはないが、卒業するときにも、単位不足で三月に卒業できない学生がいる。そのために卒業式が三月と八月の二回あった。通常は三月卒業だが、単位不足の者は卒業できず、追試を受け、それに通ると夏に卒業できる、というわけだ。今のように企業が中途採用をするわけではなかったから、八月卒業になった人は、就職はアウトであった。もう翌年まで就職できない。

「第一、親が三月の卒業式に出席する、ということになったら大変です。三月になると、周囲に『卒業式に親が出て来る。どうしようか』と、こぼしている仲間も多かったですからね（笑）」

遊んでばかりの大学生活であったかもしれないが、片岡たちが過ごしてきた日々はとても有意義であったに違いない。その証拠に、学生時代の話をしているときの片岡の顔は少年のような笑顔であった。

「H組」の宿題

大体、入学した学生のうち、四年で卒業できた学生は、半分くらいであった。例えば、片岡がいた地元の遊び仲間十一人が立教を受験し、四人が合格した。しかし、その後スムーズに四年で卒業したのは片岡だけだったのだ。

「私は秀才でもないのに、落第することもなく、幸運にも四年で卒業できました。私は元旦が誕生日の早生まれですから、十八歳で大学に入学し、落第もせずに最短の四年で卒業したので、最も若い年齢で卒業したんです。生のネギを山盛りにして食べたうどんの効果があったのかもしれませんね（笑）」

当時の片岡は仲間と一緒に過ごす時間をとても大切にしていた。だから今のように定年退職するような年齢になっても、何かにつけてリーダー格である片岡に仲間たちから連絡がくるという。その一つが同窓会だ。

片岡たちは毎年のように同窓会を開いている。「昭和三十四年立教大学社会学部H組」という同窓会である。彼らの間では略して「H組」といっている。

「私は幹事ではないのですが、どういうわけか、同窓会を開く相談が私のところにきて、私が中心になってしまうのですよ（笑）」

温泉に一泊する同窓会を実施したこともある。今ではさすがにメンバーそれぞれの時間を調整することは難しく、都心で集まるのが精一杯だ。だから最近は、立教大学の近くにあるホテルで同窓会が開かれることが多い。今では母校の立教大学に集まり、みんなで構内を見渡しながら、昔話をするのである。

同窓会の仲間が集まると、「われわれの学生時代はカツカレーが30円。それでも食堂のメニューの中ではグレードの高いものでした。ですから、お金があるときはカツカレー、お金がなくなるといつも10円のカレーライスだったなあ、などと往時を思い出して笑って語り合い、楽しんでいます」と言う。大いに遊び歩いた末の結果が「俄か勉強」であったが。

面白いことに、同窓会では近況報告や、若かりし日々の学生時代の話に花が咲く。だが、そのうちに話題は自分たちの子供の話になり、さらには孫の自慢話をし合うようになった。ところが、その後、孫の自慢話が出なくなったという。その代わりに口をついて出て来るのは「年金」と「健康」である。どうやら〝自慢の孫〟が大きくなり、相手にしてくれなくなってしまったらしい。

ちなみに健康の話をすると、片岡は健康そのものである。「経営者が病気で年がら年中入退院を繰り返して会社を休んでいるようでは、会社全体の覇気がなくなってきてしまいますからね」と話す片岡は、酒はあまり得意ではない。

だが、健康であることが強みの経営につながっていったことは間違いない。片岡は「こんな健康体の体を私に与えてくれた両親には、本当に感謝の念を持ちます」と両親への敬意を語る。

「同じ釜の飯を食った仲」という言葉があるが、学生時代に一夜漬けの俄か勉強をした仲間とは、お互い気が合った。大学卒業後も付き合いは続き、片岡が事業を始めたことを聞きつけて応援してくれた仲間もいた。「持つべきものは友」とはよくいったものだ。片岡にとっては宝物の人脈であるといえる。

湘南海岸でポーズ。このころ石原慎太郎氏原作の映画「太陽の季節」が若者の間で人気を呼んだ

このメンバーが初めて顔を合わせた時代は、戦後十年が経ち、大学があった池袋西口には、掘建

て小屋の飲食店やら、衣料店といったこぢんまりとした個人商店が軒を連ねていた時代だ。今の池袋西口とは全く違った風景であった。しかも、毎年同窓会を開催するたびに大きく変化する街の顔を見て、「池袋も変わったねえ」と感心し合う。そういった仲間たちなのだ。

東京都選定歴史的建造物でもあり、立教大学の看板でもある時計台のある「モリス館」の下が「H組」の集合場所である。

メンバーの一人も片岡のことを「社会に最も精通したのは片岡で、学生時代から面倒見が良く、仲間集めが上手」と評価の言葉を述べる。片岡にとっては何とも気恥ずかしい限りではあるだろうが、同級生からこのような言葉をもらえること自体、片岡にとっては、とても幸福なことに違いない。

卒業五十年を元気に迎えられるかどうかが、「H組」の宿題になっている。

ガリ版

謄写版のこと。名の由来は、印刷原稿を作成するときに、ヤスリ板の上を鉄筆でこする「ガリガリ」という、歯の浮くような音がしたことによる。ロウ紙と呼ばれる特殊な原紙に、鉄筆（鉄の筆）で文字や絵を描き、原紙の上にインクを塗り、下に紙をおいて押さえる。描いた部分の文字や絵の部分だけにインクが通過し、印刷される仕組み。学校で渡されるプリント類はすべてこれで印刷されていた。

GHQ

連合国最高司令官総司令部（General Headquarters）の略。日本のポツダム宣言受諾から一九五二年（昭和二十七年）四月二十八日のサンフランシスコ平和条約発効の間置かれた。最高司令官はダグラス・マッカーサー元帥。

第6章

起業家として生きる
——人生は挑戦だ！

創業当初、警備の仕事の売込みに埼玉県大宮市（現さいたま市）のデパートに出向いたときのこと。デパートの理事長から「おたくには社歴がないね」と商談を断られそうになった。

片岡は「全日警は設立したばかりだから歴史がないのは当たり前です。あなたのデパートもオープンしたばかりですから社歴がないはずです。社歴のない企業同士、一緒に成長しましょう」と情熱を込めて提案。すると理事長は、その場で契約を決めてくれたのである。

第1節 社員五名で起業

父の事業に見切りをつける

「何か新しいことがしたい。これまでにないことをしたい」——。

今までの生活の中で、一番楽しかった時期が大学時代だ、と話していた片岡の学生生活も終わろうとしていた。一九五九年（昭和三十四年）三月のことである。

立教大学を卒業した片岡は、渇望にも似た気持ちを持ちつつも、父親が経営する三栄映材の「専務」に就いた。家業の手伝いを始めたものの、片岡は決して父親の事業を継ぐ気はなかった。

心の中では己の信ずる道、つまり「起業」への挑戦欲がメラメラと燃え高まっていたのである。

片岡の父親が経営していた三栄映材では、映画の白黒フィルムの再生を事業としていた。当時使われていたニュース映画のフィルムに写っている映像を溶剤で消して再生フィルムにする事業だ。白黒のニュース映画や予告編に再利用するために、一度使ったフィルム映像を消去するのである。

娯楽のない終戦直後は映画の全盛期で、上映前に必ずニュース映画と予告編を上映していた。戦前、戦中、戦後とこの仕事を黙々と続けてきた片岡の父親にとっては、良い時代であったのであろう。テレビが登場する前までは映画全盛期の時代である。その映画のニュースフィルムを扱うわけだから繁盛していたのだ。実直な片岡の父親は、再生フィルムの仕事が永久に続くと信じ、長男である片岡に、後を継がせたいと考えていたのだ。

「立教ボーイ」の片岡氏。一際目立つお洒落振り

しかし、片岡は「今はいいかもしれないが、将来はどうなるのか?」と家業の将来性について、いつも疑問を感じていた。というのも、カラーテレビが登場したことで、映画の全盛時代は終わりを告げようとしていたからである。もはや再生フィルムの時代ではなくなっているのを実感し

ていた片岡は、自分で取り組みたい新しい事業を見つけようと模索していた。

もともと片岡は就職する気などなかった。自分でなにか事業をやろうとしか考えていなかったのだ。しかし、何をやるかは決まっていない。かといって家業を継ぐことは、片岡にしてみれば「既成の枠組みを与えられたまま事業を継承していくだけ」であり、満足することはできないと思っていた。

そこで片岡は家業を手伝う傍ら、大学院に進むことにしたのだ。

片岡には高校三年生のときに猛勉強をした経験があった。もともと、勉強は好きではなかったが、「焦ることなく、とりあえず大学院に進んで、自分に合った仕事を考えればよい」と思ったのだ。大学院に願書を提出するために、書類に必要事項を書き込み、大学に願書を提出しに向かった。

当時、片岡は大学に車で通学していた。昭和三十年代に、自分の車で通学するような学生は世間では稀《まれ》だったが、立教では車通学を禁止していたわけではなく、駐車スペースも用意されていた。「結構、自家用車で通学する学生がいました」と片岡は振り返る。

余談ではあるが、車に乗っていた片岡は、しばしば「明治神宮外苑」へ出掛けていた。明治神宮外苑といえば、イチョウがとても有名であるが、外苑の歩道上には五百本もの桜が咲き揃うこともあって、シーズンには花びらが“はらはら”と舞い落ちる風景が印象的だ。今では日本有数の散策スポットとなっている。

その明治神宮外苑の中には、一九二六年（大正十五年）に完成した「聖徳《せいとく》記念絵画館」がある。その前を通る道路は外苑内を一周できるようになっている。片岡が学生のころは、今のように車が一般家庭にまで普及していたわけではなかったから、走行している車の台数はまだまだ少なく、外苑内の道路は空いていた。

片岡がよく足を運んでいた六大学野球のときも、車で通学していた仲間たちは自家用車で絵画館前に集まり、外苑を一周する道路を〝ヨーイ、ドン！〟でスタートし、スピードを競う「カーレース」をやっていたほどである。

税理士試験に挑戦――「人様の金勘定などしたくない！」

車は片岡にとって頻繁に使う移動手段であったので、大学院の入学願書を提出する締切日も車で自宅を出た。だが、運が悪くその締切日は週末の土曜日であった。

「市川から江戸川を渡ったのち、隅田川に架かる白髭橋《しらひげばし》を通り、王子を経由して池袋に向かう裏道を使っていたのですが、その日に限って、白髭橋で渋滞していたのですよ」

やっと白髭橋を渡ったところで、すでに締切の時間である正午を回っていて、結局、願書の提出は間に合わなかった。仮に、片岡と同じような境遇の人がいたとしたら、その人はきっと電話してでも、なんとか願書を受け付けてもらおうとするのであろうが、片岡の場合は全く違った。

「間に合わなかったものは仕方ありません。過ぎたことを後悔しても意味はないはずです。ならば大学院はもうあきらめよう、と決めて車をUターンさせました。そして、真っ直ぐに帰宅するのではなく、そのまま銀座に行ってしまいました（笑）」

人としての潔《いさぎよ》さが片岡にはあった。もともと勉強したくて大学院に行こうとしたわけでもない。本当に大学院に行きたければ、何としてでも入学するための努力をするはずである。なぜ、片岡はそうしなかったのか？

なぜなら片岡の心の中では、「自分で事業を始める」という〝起業魂〟だけが、沸々《ふつふつ》と湧いていたからであった。しかし、その〝起業魂〟をぶつけるに足る事業が片岡の目の前に依然として現れなかった。大学卒業時に感じた渇望の感情を残したまま、大学院進学をあきらめた片岡は、次のような進路を考えた。

「自分が何の事業をやるべきかを決めていたわけではありません。しかし、日本が法治国家であるということと、将来は会社を起こしたいと思っていたことを理由に、『法律』と『経理』の勉強をしようと思ったのです」

思ったことは即、実行するのが片岡の信条である。早速、片岡はそれらの勉強をするために通う学校を探した。立教は経理の専門学校ではなかったので、それを専門とする学部もなければ講習もなかった。いろいろ調べていくと、法律であれば中央大学がいいと考えたのである。

当時、中央大学は現在の八王子市ではなく、東京・駿河台にキャンパスがあった。中央大学は明治時代に当時の主流派であったフランス法（大陸法）ではなく、少数派であった実際的実用主義を重んずるイギリス法に基づく法律学校が前身である。

「自分が学ぼうと決めた『法律』や『経理』は、伝統と歴史、そして実績のある中央大学がよかろうと考えました」

そして、片岡は中央大学を覗いた。すると、片岡の目に飛び込んできたのは「税理士講習会」という大きな看板であった。しかも、幸運なことに学生を募集しているではないか。片岡は「これは幸運だ」と思い、すぐさま願書を提出し、まずは「経理」の勉強を始めた。

講習の期間は一年間であったから、一年後には受講生全員が公認会計士か税理士の国家試験を受ける。片岡もそんな資格の取得を目指す人たちと一緒になって勉強を始めた。「経理では誰にも負けないくらいのレベルになってやろう」と、気合十分で講習に臨んだのである。

ところが、いざ講習を受けてみたら、中身が全くわからなかった。

「講習会を受けに来ている人たちは、自分の人生を決める職業にするために、公認会計士や税理士を目指していました。それだけに勉強への取り組み方が中途半端ではありませんでした。『何が何でも合格を勝ち取る』という決意は揺るぎないものでした。しかし、私は将来商売を始めるときに備えて経理を覚えておこうというくらいの意識だったんです。そういった決意の部分に差があったのかもしれません」

結果、片岡は合計二年間の講習を受けた。一年間の勉強では、いまいちピンとこなかったのである。

その後、税理士国家試験を受ける意思も生まれた。二年間の勉強で、一年目のときよりも、経理のことが大分わかってきたのだ。

「よし、私も資格を取得するぞ」と、税理士国家試験に挑戦した。試験会場は、早稲田大学。税理士国家試験は二月と八月に別れて行われていた。当時はまだ電卓がないから、全員がそろばん持参であった。

「二年間の勉強の成果を出そう」と意気揚々《いきようよう》と試験に臨んだ。税理士試験は、会計学に属する二科目と税法に属する科目のうち受験者の選択する三科目の合計五科目の試験に合格しなければならない。税理士試験は国家試験の中でも司法試験に次ぐ難易度の高さである。

片岡の試験結果はどうであったかというと、残念ながらあえなく全科目不合格。一科目でさえも合格できなかった。二年間勉強したにもかかわらず、不合格であったのだ。しかし、ここで片岡の抱いた気持ちは普通の人が抱くそれとは正反対であった。

「負けん気が強く、後ろ向きな考え方は大嫌いな性分であっただけに、〝落ち込む〟ということにはならなかったんですね。しかも、試験に合格した講習会の仲間たちには『人様の稼ぎを計算するのが税理士の仕事。人の儲けではなく、自分の儲けを計算させる人間になってやる』と強弁しました」

どんな難局になろうと、決して自分の可能性を否定せず、挑戦する姿勢を貫いている片岡の信条の強さが垣間見ることができる話である。片岡はこの体験を経て、自らの将来の方向性を改めて認識するのである。

「私がやりたいことは、自ら会社を起こすことだ」――片岡の決意は決して萎《な》えることはなかった。

東京オリンピックの開催

起業する決心はついたものの、片岡の悩みは「具体的にやりたい事業が見つからない」ということであった。父親が経営する三栄映材での肩書きは「専務」だったが、多少勉強した経理を主に担当していた。しかし、三栄映材は零細企業であったため、結局は経理だけの仕事で済むはずもなく、総務や人事も兼任していた。

だが、片岡は専務でありながらも、社長である父親にこう言い放っていた。

「親父の時代はこの商売でよかったかもしれないが、もう映画そのものが斜陽産業。

こういう商売が続く時代ではないと思う」

片岡の母親は、「あなたの好きなことをしなさい」と言っていたのだが、父親は昔気質であったので、自分の商売が一番良く、いつまでも続くものだ、と信じて疑わなかった。片岡は家業の後継ぎをめぐり、考え方の違う父親と始終衝突していた。

もし、片岡が父親の言うとおりに家業の三栄映材を継いでいたらどうであったのか？

「家業を継ぐことは私が望んでいたことではありませんでしたから、もし家業を継いでいたら、とっくに三栄映材は倒産していたかもしれませんし、あるいは私自身、落ちぶれていたかもしれませんね」と話す。

世間では、二代目が親から継いだ事業を失敗させてしまう例があるが、その原因としては、手掛けている事業がすでに時代遅れの事業である場合や、本人に向いていないにもかかわらず、先代の親が子供に無理やり継がせている場合があるようだ。

ともかく、当時の片岡は自分でやりたい事業を探す日々を過ごしていた。今の時代に必要とされているものは何であるのか、そして自分が社会に対して貢献すべきこととは何であるのか——こんな自問自答を四六時中繰り返していた。「これだ！」と思って、ことに当たることができない不満分子を体に溜め込み、どこか全身全霊で「挑戦」

熱気を帯びた東京オリンピック（1964年、共同通信）

できないもどかしさを感じていた。そんな中で、片岡に起業のきっかけを与える大イベントが開催される。それこそが「東京オリンピック」であった。

東京オリンピックが開催されたのは、一九六四年（昭和三十九年）のこと。未曾有《みぞう》の敗戦からわずか十九年後のことであった。片岡が目にした〝焼け野原〟だった東京は、戦後の荒廃からいち早く立ち直り、世界の檜《ひのき》舞台に登場したのである。そして、日本の戦後の復興振りを国内外に見せることになった東京オリンピックの前後に一つの産業が沸き起ころうとしていた。

それは、人の「安全」を守り、「安心」を確保する「警備業」という仕事である。

「東京オリンピックが開催されたときに、選手村で警備をする『警備会社』の存在を知りました。警察のような業務をするのですが、警察のような権限は持っていません。しかし、人の生命や財産を守ることを生業《なりわい》とした『警備』の仕事を聞いて、その社会的な役割の重み、そしてその可能性を感じたんですね。一体どうすればその仕事ができるのかすぐに知りたくなりました」

だが、当時の日本では「警備業」の存在はまるで知られてはいなかった。まだまだその知名度は低かったのである。そんな中でも、片岡が東京オリンピックにおける警備員の存在を耳にし、「これだ」と思ったことは、結果として今の日本の警備業界にとって、幸運であったのかもしれない。

東京オリンピック開催が決定したことを契機に東京はみるみるうちに姿を変えていった。「東京改造」とも呼ばれたほどの都市建設は急ピッチに進んだ。

また、東京オリンピックと同じ年に開業した東海道新幹線に象徴されるように、日本の技術水準の高さは、当時から世界でもズバ抜けており、技術を磨く民族のＤＮＡは、現在にまで確実に受け継がれているのは周知のとおりだ。この東京オリンピックを境に、日本はアメリカやヨーロッパではない、非西欧世界でのグローバルプレーヤーとして認知されることになる。そしてこのイベント開催から四年後には、世界第二位の経済大国に躍り出ることになった。

「警備業」に俄然《がぜん》興味を持った片岡は、東京オリンピックが終わった直後、早速、警備業の実態を調べ始めた。あちこち歩き回って、警備会社の業務内容を聞いて回った。

さらに、片岡がこの「警備業」に注目したきっかけの一つには、三栄映材に務めていたころの体験があった。

三栄映材はいわゆる零細企業であったために、年がら年中人手不足に悩まされていた。そのために片岡は始終、職業安定所に求人情報を出して足繁《しげ》くそこへ通っていた。そこで片岡が新たに知ったことは、企業の栄枯盛衰《えいこせいすい》の姿であった。

産業というのは五年サイクルで回る。つまり、好調は五年しかもたない、ということである。このことに気付いた片岡は「景気の良い業種はもうじき下り坂に入る。そういう業種に新規参入しても、遅すぎる」ということを実感した。情報収集の末に、これからは人材を派遣する時代なのだ、とピンときたのである。

その点、警備業は先に述べたように、まだ一般の人間には知られておらず、人集めに追われている状態であった。

「もし、警備業が社会的に認知されてくれれば、これからは警備業が成長産業になるはずだ！」と片岡は感じたのである。

高校時代において冬に氷を買い、夏にそれを売る商売をして成功させ、逆に、夏に暖房用の石炭を買い込み、冬に高値で売ろうとして失敗したこともあった。また、公認会計士や税理士の試験に合格はできなかったが、片岡が産業をマクロで捉える視点を持ち、分析する力を身に付けたという意味では、これらの経験によって片岡は経営センスを磨いてきたといえる。警備業界を片岡が調べた結果、当時、日本には警備会社はまだ十社程度しかなかった。そのうち、民間人の手によって設立され、警備業界に参入した会社は数えるほどしかなく、警備会社の多くは、元警察官幹部や元自衛隊幹部が退官して設立した会社であった。

「敗戦後から右肩上がりで復興を始めた日本において、社会の構造自体が急速な変化をし、その変化のスピードに社会自体がうまく対応しきれない時代であったからこそ、警備業というものが芽生え、成長し、根付く時代だと思いました。

また、企業も活発な経済活動を展開し、効率的な経営を進めるために業務を細分化する。自力でやっていた警備も外部委託され、より一層警備会社の需要は高まるはずだ」

片岡はついに自分自身の歩むべき道を探し当てた。この「警備業」こそが、四十年以上片岡が身を捧げる事業となったのである。そして〝起業魂〟はさらに勢いを増して、片岡の中で燃え始めるのであった。

「全日警」の誕生

こうして片岡は、東京オリンピックが開催された二年後に仲間五人を集めて、警備会社・全日警を創立した。資本金は50万円であった。当時の大卒の初任給は、一流企業で2万5000円ほどであったから、現在では約500万円に相当する。今でいえばベンチャー企業である。東京・御徒町のビルの一角から裸一貫でスタートした。

全日警が法人として設立され、「株式会社全日警」として出発したのは、一九六六年(昭和四十一年)十月八日のことであった。

「市民の安全と安心を守ることが、ひいては社会全体の安全と安心にもつながる。それを第一に考えて、ことに当たらなくてはならない」という片岡の理念は、このときから今に至るまで引き継がれることになる。ちなみに、現在の全日警の社員章や、警備員が制服の襟につけるバッジは左から右に向かって広がる図柄だが、この図柄は「末広がり」を意味している。このバッジに夜、懐中電灯の光を照らすと、図柄の明るさが末広がりになる。「今はスタートしたばかりで、まだ小さな入り口に過ぎないけれど、将来は無限に広がる」という片岡の一念を込めたものである。

全日警は、仲間五人で創業したわけだが、片岡以外のメンバーは、すでに薹《とう》が立っている人ばかりであった。警察官を定年退官した五十歳代の人や自衛官をやめた四十歳代といった人たちで、片岡よりみんな年上の人間であった。

創業当時を片岡はこう振り返る。

「創業したときの五人が役員だったとはいえ、スタート時は苦難の連続でした。五人全員が営業マンでしたからね。とにかく街を歩いて、目に付いた会社には片っ端から飛び込みセールスをしました。ちょうど、私が創業した昭和四十一年は東京オリンピックの終了と共に始まった不況で、山一証券と大井証券（後の和光証券・現新光証券）が倒産寸前の危機に陥り、日銀特融で救われるというほど、不況は深刻でした。しかし、まもなくオリンピック不況が終わり、日本経済は住宅ブームをきっかけに、再び景気回復に向かい、高度成長が始まったのです。すべての産業が設備投資に走り、増産が始まりました。

街には道路が整備され、ビルがどんどん建設される。おかげで飛び込み先には苦労しませんでした。しかも、まだ警備会社は少なく、警備会社同士が売り込みでぶつかり合うこともありません。とにかく、目に付いた新築ビル、工場、デパート、スーパー等々、端から端まで飛び込んでセールスをしました」

片岡が警備業に出会ったときに、これからの日本の経済発展に合わせて、警備業のニーズの高まりを読んだわけだが、それが見事に的中したのである。

日本において警備会社の登場は、一九六二年（昭和三十七年）であるが、『東警協（社団法人　東京都警備業協会）二十年史』によれば、日本で警備員としてのガードマンが登場したのは、駐留米軍憲兵隊司令部が駐留米軍基地をガードするために雇った警備員がその起源といわれている。駐留米軍が旧日本軍憲兵や元警察官を基地警備のガードマンとして雇用していたのである。

日本は世界でも治安に優れ、最も安全な国だった。戦前はもちろん、戦後もしばらくの間は、夜、玄関の鍵をかけなくても心配はなかった。夏には窓を開け放して寝ていても平気であったし、誰も泥棒に入られるなどと考えなかった。実際、よほどの大金持ちでもなければ、泥棒に入られることもなかった。

ところが、高度経済成長と共に、都市化が急速に進み、もはや、隣人が誰だかわからない社会になっていった。地域社会の絆も薄れ、人と人とのつながりも希薄になっていた。核家族化もそれに拍車をかけた。都心はビルが立ち並び、夜ともなれば、人っ子一人いない街と化した。そんな都市化に符節をあわせて犯罪も急増した。

主な大事件を挙げれば、一九六三年（昭和三十八年）には吉展ちゃん誘拐事件や力道山刺殺事件が発生し、一九六四年（昭和三十九年）にはライシャワー米駐日大使刺傷事件が起こった。一九六六年（昭和四十一年）には有楽町駅の売上金を銀行員が現金輸送車に積み込み中に襲われる有楽町現金輸送車襲撃事件が起こり、一九六八年（昭和四十三年）には東京・府中市で現金輸送車が襲撃され、現金輸送車ごと奪われる三億円事件が起こった。

企業では炭鉱爆発事故が続いていたし、公害問題や、成田空港反対闘争が加わり、学生運動や過激派による事件は、一九六八年（昭和四十三年）の東大紛争から日航機「よど号」ハイジャック事件、さらに「あさま山荘事件」へと拡大した。

一方、警察は戦前と違い、民事には不介入とされ、犯罪予防のために拘束したりすることは禁止されていた。その結果、欧米先進国のように、安全は各自が、または各企業が自分で守らなければならなくなった。そこに警備業が生まれたのである。

こういった社会の変化は、全日警にとって追い風になるはずであった。しかし、片岡の読みとは裏腹に、思わぬところで苦境が待ち構えていた。

新婚当初の片岡氏と紀代子夫人

「飛び込み先の企業はたくさんありましたが、『警備業』という言葉を耳にしていても、実際には何をやるのかみなさん知らないんですね。ですからセールスでは、売り込み先の企業に『警備』とは、一体どういうものなのかを知ってもらうために、自ら警備員の制服を着て、『このように警備します』と身振り手振りで説明して歩いていました」

当時「警備業」の認知度は低く、契約に結び付く会社にはなかなか出会うことができなかった。だが、この苦難の局面に立っても、ひるまないのが片岡の真骨頂である。「頑張れば必ず成功する」との一念で前進していったのである。

「松の木一本で会社が作れる？」

自分で事業を行うことは、片岡の悲願であった。身体も、知恵も、お金も使い、片岡は自分の会社である「全日警」を設立した。全日警を設立してまもなく、片岡は紀《き》代子《よこ》夫人と結婚した。紀代子夫人は、エスエス製薬や秋葉原デパート、泰道繊維などを創業した泰道照山《たいどうしょうざん》氏の娘。コスモ信用組合元理事長で、衆院議員を務めた泰道三八氏の姉である。

岳父である泰道照山氏とは、いろいろなやり取りがあったが、片岡は岳父から資金の援助は一切受けなかった。独立独歩を貫いたのである。「絶対に人を誉めない人だった」と岳父の姿勢を片岡はこう語る。

全日警を設立した報告をしに岳父の下を訪れた際に、こんなエピソードがあった。「会社を起こしました」——片岡は報告した。すると、岳父からは「留守番屋か？」と聞き返され、施設の警備だと説明すると、「なんだ守衛をやるのか？」というのである。さらに、横に寝転んでテレビを見ながら、話を聞くときだけ、顔を片岡の方に向け「カネはあるのかい。資本金は幾らだ？」と聞く。片岡が「50万円です」と答えると、今度は寝転んだまま、台所の方を向き、「オーイ」と義母を呼び、「植木屋さんはもう帰ったのかい？」というのである。

台所で片岡が好きなコーヒーを入れていた義母が「松を植えて帰りました」と答え

る。それを受けて岳父は「幾ら払った?」——などと、全く関係のない話をする。そして義母が「植木屋さんに50万円払いました」といったとたん、岳父は片岡の方に顔を向け、「松の木一本で会社が作れるのかい?」とからかうのである。

岳父は片岡と会うといつも商売のことを尋ねてくるのだ。全日警がスタートして間もなくのことだったが、岳父は「売上が20億円以上ないような会社は、会社とは呼べない」と片岡に注文を出した。

昭和四十年代に「売上20億円」といえば、かなりの規模である。なぜ売上20億円なのか、片岡はその基準が分からなかった。後にそれとなく聞いたら、岳父が経営している企業の中で最も売上の少ない会社の売上高だったという。

その後、全日警の年間売上高が20億円を超えたとき、「お親父さん、20億円超えました」と報告すると、「20億円は昔の話で、今は50億円だ」という。

さらに売上高が50億円に達したときにまた報告すると、今度は、「あのときは50億円だったが、今は違う。売上100億円を超えなければ、会社じゃない」と吊り上げるのだ。

「さすがにいつになったら認めてくれるのだろうか?」と疑問に感じていたが、考えてみると、低いところばかり目指さずに常に高いところに目標を持っておきなさい、と片岡の尻を叩いていたのかもしれない。

心に残る岳父の言葉

片岡には散々憎まれ口を叩く岳父だが、本心は片岡の事業の行方が気になっていたのである。会えば、必ず商売は上手くいっているのか、と話し掛けられた。そこで一計を案じて片岡は「まあまあです」と答えることにしていた。それから数カ月したら、泰道グループの会社では、どういうわけか「まあまあです」というのが流行っていたという。

岳父には厭味に近いことを言われる場面が多かったが、「経営者として大切なものも教えられました」と片岡は話す。その一つは「リーダーが背後から机に座って社員に指示するのではなく、自らが先頭に立って進んでいく」という姿勢である。泰道照山氏が生前『わが七十七年――未完の足跡』と称し、一九八三年(昭和五十八年)に発刊した私史の中で『「前に進め！」では駄目、軍刀一閃《ぐんとういっせん》「俺に続け！」となると、必ず兵隊は立ち上がるものだと。（中略）迷い、優柔不断こそは、戦場でも仕事の上でも大敵であった。』と述べている。

今はノーブレス・オブリージュ（noblesse oblige＝高貴な精神）という言葉が経営トップの在り方として使われる。社会的に地位の高い者には高い志と高貴な犠牲が伴うことを意味する言葉だ。西欧の歴史の中でこの言葉は生まれ、硝煙《しょうえん》の中で敵からの矢玉を受ける先頭に立ち、前進をしていく気構えこそが大事という考え方である。

かつて、山本五十六《やまもといそろく》元帥は戦前、アメリカで大使館勤務を経験し、米国の考え方、風土にも精通しており、日米開戦に反対だった。やむなし開戦ということになった時点では、自ら率先して前線の職に就かれた。そして、一九四三年（昭和十八年）四月十八日、ブーゲンビル島（現ブーゲンビル自治政府、旧パプアニューギニア）の上空で敵軍の戦闘機の銃弾を受け、最期を遂げられた。

その山本元帥は、部下の指導に当たって「やってみせて　言って聞かせて　やらせて見て　ほめてやらねば　人は動かず」という言葉を残されている。古来、リーダーは人の指導、起用方法にそれぞれ思いをめぐらし、人の潜在力、可能性を引っ張り出そうと努めてきた。そういう先人の営みをみるにつけ、リーダーの在り方は常に先頭に立って、ということであり、これはいつの時代も変わらないものだと岳父は思っていたのだ。

岳父は全日警設立十周年のときに、祝辞を贈っている。次の言葉はその中からの一節である。

「時には始まりもなく、終りもない宇宙には果てはない、この二つの大きな無限の中に於ける人間の生命は余りにも短かい。短かいからこそ私達生きとし生ける者はおうあるべきかを、常に考えねばなりません」

全日警社員全員に贈る言葉であったのと同時に、片岡にも訴えるメッセージであった。片岡が岳父の言葉で心に残っているものがある。

「いったん、社員に採用したら、辞めさせてはいけない。経営者として大事なのは『人』の採用だ。簡単に『人』を採用して、経営が悪化したからといってボンボン首を切るような経営者にだけはなるな」という言葉である。

バブル崩壊以降、「失われた十五年」といわれ、世間ではリストラの嵐が吹き荒れた。警備業の主役はあくまでも「人」である。その「人」によって会社が支えられて

いるのである。だが、経営が圧迫されれば、当然コストの削減として人件費のカット
が不可欠となる。経営者が苦渋の選択をしなければならないときもあるのだ。片岡は
改めて岳父の言葉を思い出すのである。

第2節 『ザ・ガードマン』の放送

警備の成果は目に見えない

「警備業があまり人々に浸透していなかったときに、このテレビ番組が放映されたことで認知度が飛躍的に向上したと思います」と話すのは、全日警のある幹部である。

一九六五年（昭和四十年）からテレビで『東京警備指令　ザ・ガードマン』の放映が始まった。この番組は、一九六五年四月から一九七一年十二月にわたって放映され

た人気番組だ。延べ六年九カ月も続き、最高視聴率も四一パーセントを記録した。

番組の冒頭では、「社会の秩序と安全を守るため、日夜活躍する名も無き男たち、その名はザ・ガードマン」というナレーションで始まるこのドラマは、次々に起こる事件を主演の宇津井健《うついけん》さんと仲間の面々が解決していく物語で、ガードマンの仕事はさわやかで清廉《せいれん》、格好良い職業として演じられていた。

片岡は、一九八九年（昭和六十三年）に「高倉隊長、通称キャップ」を演じていた宇津井健さんと対談した。そのときテレビドラマの『ザ・ガードマン』シリーズの話で盛り上がった。

宇津井さんによると、映画俳優だった宇津井さんに警備員を主役にしたテレビドラマ出演の話が持ち込まれたが、周囲からは「テレビに出るのは映画俳優にとって自殺行為になるから止めた方が良い」と忠告された。

だが、そのテレビドラマをつくるのは、大映で優秀なプロデューサーの野添和子《のぞえかずこ》さんだというので、意を決して出演したところ、人気番組になってテレビ映画の質を向上させることになったという。

ドラマでは、ガードマンたちのリーダーの「高倉キャップ」役を演じていた宇津井さんは制服を着用せず、ワイシャツにネクタイ、背広姿が多かった。しかし、毎回、危険な場面が設定されていて、救急箱や滑り止め用の靴、岩場用の靴、関節を保護するためのサポーターなどが用意されていた。

それでもあちこちに傷をつくり、サロンパスとバンドエイドを手放せなかった。しかしながら、七年間も続けられたのは三十三歳から四十歳までの脂の乗り切った年齢だったからだろう、と語っている。

この『ザ・ガードマン』が大成功したおかげで、宇津井さんには正義に生き、道筋を通す人だ、というイメージがついた。そのくらい、ガードマンは正義の味方という強烈な印象を人々に与えたのだ。また、それだけ警備業に対する社会の期待も高まっていたということである。

そのころ子供たちに「将来、何になりたいか」と聞くと、男の子は「ガードマン」という答えが多かったほどで、警備会社とガードマンを世間に認知させた。しかし、警備員の仕事というのは、実際はテレビで描かれるようにドラマチックでもなければ、格好良いものでもない。むしろ、警備員の任務は事件を未然に防ぐわけだから、目立たない、地味なものである。

片岡は警備の営業をしていたころをこう振り返る。

「当初の警備の営業はなかなか難しかったですね。一生懸命、警備会社に任せることのメリットをお客様に説明するのですが、たいがいすぐに損得計算をされて断わられてしまうのです。何しろ、当時は社員に多少の手当てをつけて宿直をさせる時代でしたから、警備を発注するという発想すらない事業主の方が圧倒的に多かったんです」

事件を未然に防ぐことが警備員の功績なのである。だが、顧客からは「何も事件は起こらないから、警備員を雇っているのは無駄な経費だ」と言われてしまう。その一方、事件が起こると、お金を払って警備を頼んだのに役に立たない、と怒られる。事件が起こらないことが警備員の最大の功績なのだが、事件が起こらないと、警備員の存在に気付かないのだから、因果な仕事だともいえよう。

そのうえ、警備の仕事はその結果が目に見えない。セールスはほかの営業と同じでも、普通の商売なら現物の商品を見ることができる。株や金融商品でも利益がでたのか、損をしたか、結果が出る。しかし、警備の仕事は、泥棒のような不審者に入られないようにすることが醍醐味である。何も起こらないことが成果なのである。

何も起こらなかったから良かった、というのは理屈上では理解してくれても、現実には受け入れてもらえない。警備業の営業の難しさはここにある。

「オウム事件のような一般市民が犠牲となる事件が起こり、警備の必要性はわかってくれるようになりましたが、全日警がスタートしたころは、まだ必要性を理解してくれる人は少なかったので、営業は大変でした」と片岡は話す。

加えて、警備会社に受注すべきかどうか決めかねるときには、たいがいどこの会社も警備会社の商業謄本を取り寄せたりして任せて大丈夫かどうかを検討する。すると、全日警は設立したばかりの会社だったため、「できたての会社じゃないか」と相手にされないこともしばしばだった。しかし、片岡は決して怯《ひる》むことはなかった。「若いころは何でもうまくいくはずだ」と信じ、「自分は必ず成功する。失敗など考えない」と思っていた。当時はまだ若く、恐いもの知らずだったうえ、「やってみるぞ」という意識が強かった。片岡は苦境に立たされても臆せず突き進んだ。

「一緒に成長しましょう」と言って獲得した最初の商談

そんな苦境の中で、最初に片岡が発注したのが、当時、埼玉県の大宮市（現さいたま市）にあったデパートだった。そのデパートは完成したばかりで、警備を雇う検討が始められていた。すでに数社の警備会社が名乗りを上げていた。もちろん、片岡も新築オープンしたときにそこへ売り込みに出掛けた。

全日警はまだ設立したばかりの会社であり、顧客には「若い会社だから」と断られることが多かった。しかし、全日警はこの大宮のデパートの警備を獲得する。それは片岡が大宮のデパートの理事長と次のようなやり取りがあったからだ。

大宮のデパートの理事長は片岡より一回りも年の離れた五十年配の男性であった。片岡が警備の営業で、その理事長と直談判《じかだんぱん》したときのことである。

その理事長は全日警が若い会社と知るなり、「全日警には社歴がない」と言い出した。それを聞いた片岡は「はい、そうですか」などと、すぐ退散するような男ではなかった。警備業が社会の安全・安心を守る大切な仕事だという信念を持って起業した片岡は言い返すというより、真顔で訴えた。

「全日警は設立したばかりですから、歴史がないのは当たり前です。あなたのデパートもオープンしたばかりなんですから社歴がないはずです。社歴のない企業同士です。これから一緒に成長しましょう」と情熱を込めて提案した。すると、理事長は「よし

創業して初めて受注した大宮市（現さいたま市）のデパートでの警備の様子

分かった。君の言う通りだ。デパートの警備は全日警に任せる」と、その場で発注してくれた。

むろん、初めての受注だっただけに片岡を含め、社員みんなで祝杯をあげて喜んだ。

しかし、実際に警備業務を始めると、「いかに警備業が大変かがわかった」という。デパートは大事なお客さん相手の商売だから、警備員全員がきちんとした制服を着用するように要望されたのだ。スタート時の警備員は、片岡を含めた役員五人だけである。五人分の制服を誂《あつら》え、連絡用にトランシーバーを購入したら、50万円の資本金はすっかり底を尽いた。

それでも片岡以外の役員は元警察官、元自衛官だから、実際の警備の方はお手のものだ。そこで、片岡を残して役員全員がデパートの警備につくのである。そして、会社に残る片岡の役目は、警備員の募集である。応募者が来て、採用が決まると、制服を着せて、デパートに派遣する。その代わりに役員一人が会社に戻る。

続いてまた一人採用すると、デパートに派遣して、もう一人の役員が戻る……。こうして警備員の採用に合わせて役員を交代させた。デパートから戻ってきた役員は、制服を脱いで背広に着替えて今度は営業に回る。右から左というより、正に泥縄式だった。しかし、始めたばかりの仕事を相手の企業が理解してくれ、仕事が増えていくことが嬉しかった。気持ちが前向きになり、忙しいことが仕事の活力の源となった。

大宮のデパート警備は、全日警の初案件になったが、評判は良かった。その裏側ではこんな毎日が続いていた。なにしろ、警備をしているのは、つい最近まで現役だった元警察官や元自衛官だ。

しかも警備会社の役員自ら警備しているのである。全日警の楽屋裏はまだ警備員がいなかったということに過ぎないが、発注者にとっては役員が常駐警備してくれているのだから、評判が悪いはずがない。

「私よりも何十倍も勉強し、豊富な知識と経験を持った人たちです。私が先頭に立ったら、相手から『なんだ、若造か』と思われてしまうかもしれませんが、彼らのような役員が応対すれば、肩書も経歴も立派ですし、経験豊富であるからお客様は納得してくれるんですね」

その代わり、片岡の出番は夜になる。昼間は警備員の募集に走り回ったり、営業会議を開いたり、経理を見たりしているが、夜になると、警備員が詰めている現場回りをし、現場の警備員を激励して回った。

現場の警備員は警備日誌に「何時何分、当社社長の片岡が現場に来て、こういう注意事項があった」と記入する。翌日、この日誌を見た顧客は、警備会社の社長が夜中にわざわざ見回りに来てくれた、と高く評価する。

企業を支える一人ひとりが、自らに課せられた使命をしっかり認識し、責任を持って仕事をやり抜く。このことは、社長であっても社員であっても同じだ。それぞれが自らの責任の下で仕事をやり抜く必要がある。

片岡は創業時のこうした体験からそのことを痛感させられた。片岡が社員一人ひとりを大切にしてきたのも、この四十年間こういった経験をしてきたからにほかならない。

第3節 社長が率先垂範してこそ

警備員の姿が「全日警の顔」

「創業当初は、警備員を数多く確保しているわけではありませんでした。受注が決まったら、即、警備員の募集作業に移っていました。とにかく人手不足だったんですね。これは創業時期もそうであったし、今でも同じです」

大宮のデパートの受注を皮切りに、警備業務の件数は年々増えていった。といっても、すべてが順調だったわけではない。警備員の確保はこのころから課題の一つであったのである。

警備員になりたいと応募してくる人たちには制服に憧れる人もいれば、警察官になれなかったため、警備員になるという人もいる。あるいは、就職先が見つからず、警備員に応募する人もいる。とにかく就職の動機は千差万別だ。

警備員の資質を向上するためには、警備員各々の生活意識の中に、日常感覚として警備業務の公共的な役割とその意味、全日警の社会的な意義や企業的な意義を根気よく定着させなければならない。

そのためには指導に当たる人も部下に対する教育に関しては、単に訓練を通して警備技術の習得をさせるだけがその役目ではない。その訓練または教育の本質的な意味を理解させ、人間的なヒューマンリレーション（人と人とのつながり）を育み、誰からも信用される警備員を育て上げる責任を持つ。警備員教育をおろそかにして、万一、現場でトラブルでも発生したら、警備会社の信用を一気に無くしてしまう。信用づくりは、日々の努力の積み重ねであり、それは長い時間をかけて初めて報われるもの。ところが、信用を失うのは一瞬の出来事である。それだけに緊張感のある仕事なのだ。

警備を受託すると、すぐに警備員の募集や教育と、裏側では大忙しになる。むろん、社長の片岡も休む暇がない。常駐警備は通常、二十四時間警備である。警備員を二十四時間働かせるわけにはいかないから、夜間の警備は別の警備員に交代させるのだが、余分に警備員がいるわけではない。

人手が足りないのは日常のことで、事務員はもちろん、役員も警備員に狩り出すのは、しばしばだった。夜間、制服を着て巡回警備しているのが、まさか警備会社の役員だったとは誰も気付かなかったのではないだろうか。

紀代子夫人は、全日警設立当初の片岡の姿を次のように振り返っている。

「仕事はとれない、月給は払うのが大変。また、仕事がとれても警備員の方がいない。そんな毎日でした。主人も雨が降ると夜中でも、現場に出かけていきました。最初の（結婚して）一年は、経営と現場に出かけることで、ほとんど睡眠なんかなかったと思います。帰ってくるのは、いつも明け方でした」

片岡は紀代子夫人のことについて「苦労をかけたはずですが、好物のカレーライスさえつくっておけば済む、手のかからない亭主だったと笑ってくれるのが救いです」と照れながら話す。

ともかく、小企業や零細企業では、社長自らが従業員の人一倍働かなければならない。片岡もその一人であった。もともと、「辛い」とも「苦しい」とも弱音を吐かない性格、「失敗なんて考えたことがない。必ず成功するはずだ」という強い信念を持っていたから苦境を乗り越えることができたのだ。

また、片岡は警備業を始めたとき、一つの工夫をしていた。それは警備員の制服である。

「なぜ制服姿にしようと決めたかというと、何より重要なことは制服を着ることでその人にプロ意識を持ってもらうことだった」と片岡は語る。

当時、制服を着ていることで、かえって警備をしやすい状況であったのも確かである。濃紺の制服姿が人々の目には凛々《りり》しく映るのである。それに制服には、一種の魔力がそなわっている。人は制服を着用すると、気持ちが引き締まるものだ。そして、周囲も制服姿の人を規律を守る人だと受け止めてくれる。これは社会の中での「約束事」のようなものである。

片岡は次のように続ける。

「施設の警備においても、『そこに入ってはダメですよ』と注意したり、警告したりする場合があります。もし、注意した人が普通の私服であったなら『なぜ命令するのか』という反発も生まれるでしょう。しかし、制服の警備員が規制した場合には通行人も権威を認めて受け入れてくれますし、警備員にとっても、警告というか指導をするということに自ら規律を持たなければいけない、という自覚も生まれます」

もっとも、最初は警備員の制服が警察官の制服に似ているといわれ、いろいろ課題はあった。しかし、今は警察官の制服とはっきり区別するため、警備員の制服には胸部に「ワッペン」がつけられ、所属する警備会社がわかるようになっている。警備業の社会的役割が増してきた今日、警備員の制服も周囲に安心感を与えるものとして受け止められるようになった。

「働く」ことが楽しくて仕方ない！

数々の難題や苦労を体験してきたわけだが、片岡に言わせれば、「創業時は楽しかった」という。営業に行っても、ほとんど断わられる日々も続いた。受注できるのは売り込みに行った数の一割にもならない。しかし、そういう状況が続いても、片岡にとっては、とにかく「仕事は面白かった」のである。

毎日、役員や幹部が営業から帰ってくると、営業会議、つまり作戦会議を開く。営業状況を聞き、この会社とこの百貨店は受注の可能性があるから重点的に営業活動をしようとか、ここはこうしたらどうかとか、みんなで知恵を出し合い、作戦を練るのである。「それをワイワイやるのがなんといっても楽しかった」わけである。

大学時代に仲間と集まり、徹夜でヤマを張った試験勉強をしたときのような、一種の緊張と興奮を併せ持つ楽しさがそこにはあった。

しかも、作戦が当たると嬉しくなって歓声を上げたくなる。こうしてどんどん受注も増えてくる。作戦会議はさらに面白くなる。辛いとは感じない。むしろ、片岡にとっては面白くてたまらなかった。やはり「働く」ということはとても楽しいと感じた。

「何もしないでノホホンと時を過ごし、人生を全うするだけでは淋《う》しいですね。何のために生まれてきたのかを考えますと、せっかくこの世に生を享けたのだから、自分がどれだけ社会に貢献することが出来るのか、自分が正しいと思った信念を貫けばどんな新天地が広がるのか、と自分の力を試さねばもったいないと思います」

だから、今にしてみれば、片岡はどれだけのことを出来るのかという試練を自分に与え、そこへ挑戦していくという「自分への賭け」を続けてきたことになる。そういった経験を通して他の人に何かを伝えることもできるのだ、と思っている。だからこそ、辛いことも苦しいことも、そのゴールに到達するための過程に過ぎないと捉えていた。その結果として、「楽しく素晴らしい人生になれば、それで十分だ」——この気持ちは、今でも片岡の信念として心の中にある。

全日警初の受注である大宮のデパート警備後、ダイエー長野店、ダイエー千葉店……と、片岡は自ら店に飛び込んで受注し、大型スーパーやデパートに強い全日警というイメージをつくりあげてきた。

著名人から学ぶ警備業

片岡は俳優や歌手、スポーツ選手など、多くの著名人とも交流してきた。彼らはステージに立ったり、自分が経験したことを通じて、彼らなりの警備に対する解釈、そして彼らの生業と警備との共通項の指摘など、対談の中でいろいろな話をしてくれた。それらの経験は片岡にとって、参考になるものばかりであった。

例えば、アメリカでの経験を話したのは、テレビのニュースキャスターの浜尾朱美《はまおあけみ》さんだ。ロサンゼルスでホームレスの取材をしたとき、段ボール箱に生活道具一式を詰め込んで暮らしている人たちにマイクを向けて「どこから来たのか。何でこんな生活をしているのか」と聞いていたら、プエルトリカンらしいおじさんが近寄ってきて、いきなり放尿する。びっくりすると同時に、言葉が通じない彼らの怒りの表現だったとわかった。

よく考えれば、テレビの取材は突然、他人の生活に土足で侵入したようなもので、そのことに気付いたら、すっかり落ち込んでしまった。が、それを救ってくれたのが屈強な警備員だったという。

退役した元警察官だと自己紹介したが、その警備員は外国人へのもてなしの心を持ち合わせた人で、人の生活を侵害するようなことは控えるように誘導すると共に、取材対象になる人たちには、親切に協力するように説得してくれた。もしこのようなガードマンがいなかったら、ロサンゼルスでの取材は上手くいかなかっただろうし、取材陣は和やかな気持ちになれなかっただろう、と語っていた。

また、命をかけた警備業に敬意を表する人もいた。日本人初のアメリカ・ボクシング殿堂入りを果たしたファイティング原田さんだ。原田さんは男として生まれたからには、世の中に出る道は三つしかないと親からいわれていた。

一つは、勉強に勉強を重ねて学者になる。二つにはお金をつかんで世の中に出る。そして三つには苦しい努力をして栄光をつかんで世の中に出る。原田さんは近所のボクシングジムを見に行き、そこでボクシングに興味を持ち、ボクシングで生きていこう、と決心した。

原田さんは、「努力しないことには人は栄光をつかむことはできない」と話す。辛いときにどれだけ頑張って努力してこれたかは大切であり、それはボクシングだけでなく、警備業にも共通したことだという。

「会社が儲かっているからお金がもらえるわけではなく、自分たちが頑張っているからお金をもらえていると思わないと」

特に警備という仕事は大変厳しい仕事。強い精神力を必要とするだろうし、一歩間違えれば命を落とすことにもなりかねない。それでも人を守って給料を稼ぐことなど、なかなかできる仕事ではない、と話していた。

元世界フライ&バンダム級チャンピオン・ファイティング原田氏（右）と

さらに片岡は、モンゴルのウランバートル市出身で、史上初のアジア出身の力士である旭鷲山《きょくしゅうざん》関とも対談した。関取はモンゴルの発展をサポートするための基金を設立し、モンゴルの若者が日本で勉強するための奨学金給付や、貧困層向けのアパートの建設などに力を入れている。だが、モンゴルの今後の発展が進むにつれて、治安の悪化が懸念されると関取は語った。

「そのような時代に備えて、日本のようなセキュリティ体制を整えることが大切だと思います」と関取は話し、片岡に「私と一緒にモンゴルに行って、セキュリティに関する講義をしてください」と提案していた。

これらの対談はほんの一部であるが、片岡が今までしてきた対談での警備員の話やそれに関する人の在り方には、「どれもこれも頷《うなず》かされることが多い」と片岡は言う。だが、片岡は早くから警備員の教育を重視し、実行してきた。

こういった警備員と接する機会の多い人たちから、警備員の行動が評価されることもあった。それを聞く度に片岡は嬉しく感ずると共に、人のため、社会のために貢献できる人材づくりが本当に大切であり、そのための教育が重要であると改めて気を引き締めるのである。

今では、警備員には一級、二級の資格ができ、積極的に資格を取得させているが、それだけでなく、消防法の資格を取得させるなど、業務に役立ち、かつ本人の自覚を高めていくことが今後ますます重要となってくる。

警備会社は、いつの時代でも最先端、最高の品質を伴うサービスを提供していかなくてはいけない。好景気、不景気に関係なく、良い人材を育て、良い警備を地道に、実直にやっていくしかない。警備員は肩に警備会社のマークが入った肩章を付け、ひと目で社名が分かるようになっているが、警備員の一挙手一投足が、とりもなおさず、その警備会社の信用につながるのだ。その意味で緊張感の伴う仕事であるが、常に笑顔で人に接し、現場の人たちと共に協力し合っていく。人間は、一人では生きていけない。それぞれが使命感を持って、誠実に、そして周囲の人たちと手を携え合ってこそ、「安全・安心」のサービスも遂行できる。

「創業四十周年を迎えて、会社を起こしたときの原点を踏まえて、新しい時代の『安全・安心』の確立へ、私たち全日警の一人ひとりは挑戦し続けていきたいと思う」と片岡は語るのである。

明治神宮外苑

東京都新宿区・港区（一部）にある洋風庭園・明治神宮外苑のこと。明治時代の青山練兵場跡地につくられた。外苑は民間有志により結成された「明治神宮奉賛会」により、広く国民より募った寄付をもって、代々木の明治神宮（内苑）の外苑として造成され、一九二六年（大正十五年）に竣功。約三十万平方メートルの敷地内には、聖徳記念絵画館を中心に、明治神宮競技場、明治神宮野球場、相撲場等のスポーツ施設が建設されている。

第7章

創立40周年を迎えた今——

「私は常にプラス志向で臨んできました。警備事業を始めたときもそうです。私はいろいろな人に言うのですが、心配なんて考えたら仕事はできませんよと。すべていい方に転化していくと発想するのです。戦国時代の武将・山中鹿之助《やまなかしかのすけ》は天に向かって『我に艱難辛苦《かんなんしんく》を与え給え』と訴えたといいます。

いつでも問題は起きるし、誰でも問題を抱えているのだと。そういうことを乗り越え、精神力、忍耐力を養っていくことが大事だということですね」

〈対談〉
全日警社長　片岡直公
×
「財界」主幹　村田博文

友だちはかけがえのない存在

——片岡さんは一九六六年に警備会社として全日警を設立しました。「警備員」とはどういった仕事をするのか、と全く警備が認知されていなかった時代でしたね。片岡さんは文字通り「ゼロ」から起業し、全日警を大手企業に育て上げました。警備業の基本は「人」というのが片岡さんの経営哲学ですね。社会の安全・安心を担う事業は「人」を育てるところから出発するということですが、まず片岡さんの幼少期のことを話してくれませんか。

片岡　ええ。私自身、兄弟では姉が一人おりますが、昔から近所の友だちと遊び回っていました。私が生まれ育った市川市（千葉県）は、首都圏にあってそのころはまだ田園風景が広がっていました。私が子供だったころは、周辺は水田や畑しかありませんでしたから、野球をはじめ、ありとあらゆる遊びをしていました。

そういう田園の自然に育まれ、私たちは心行くまで遊び回っていました。自然の中での友だちとの交遊は、とても大事なものだと無意識のうちに感じ取っていたのかもしれません。

『財界』主幹・村田博文（右）からインタビューを受ける

――幼少期の経験、体験が人格形成に大きな影響を与える、とよくいいますが、片岡さんは身の回りの友人、知人に対してどのように振る舞ってきましたか。

片岡　人は一人では生きていけない。家族はもとより、周りの友人、知人に支えられて自分があるのだ、という意識が小さいときから身に染みていたと思います。ですから、今の仕事の上でも社員を大事にすることを常に心掛けています。警備の仕事も、また営業や経理の仕事にしても、実際に仕事をするのは社員の皆さんです。そして彼らによって、全日警は会社として成立し、存続していけるわけです。

ですから、経営者である私が社員を大事にしなくてはなりません。これは当たり前のことですね。

その意味でも、私が特に気を付けていることは社員の採用です。社員は採用するときが一番大事だと思っています。

世の中には、定期採用で最初から新入社員をたくさん採用しておいて、途中で都合が悪くなれば辞めてもらえばいい、という考え方をする人もいるようですが、私はそれがいいことだとは決して思いません。経営者が社員を採用する場合、「一度採用したなら、その社員には途中で辞めることなく責任を持って仕事をしてもらうんだ」という意気込みを持たなければならないと思うのです。

将来、社員は家族を持ち、子供が生まれたならば、一家を支える大黒柱になるわけですから、採用する経営者も、その人に一生涯働いてもらうためにも、働きやすい環境を整え、楽しんで仕事をしてもらえるような会社をつくっていかなければなりません。

――つまり、経営者は社員の人生の最後までとことん面倒を見るという考え方が必要だし、一方で、社員の方も採用されるだけの人物でなければいけないということですね。

片岡　そうです。ですから、社員を採用するときこそ、一番大事だと思うのです。

私は縁あって、泰道グループの創業者・泰道照山を岳父に持ちました。岳父はいくつもの会社を経営していた人でした。その岳父は私が起業したころ、「社員を辞めさせるようなことはするな」と言って聞かせてくれました。この言葉は私にとって、とても意義のある言葉であったと思います。

実父と岳父から学んだ経営者の生きざまとは

――片岡さんは、岳父には厳しく鍛えられたということですが、経営者としての生きざまを知るに当たって、片岡さんが岳父とのやり取りの中で印象に残っている場面はどういうものですか。

片岡　岳父は名誉職に引きずられるのではなく、自分が依《よ》って立つ事業に徹するという生き方を通していました。今でも、私の脳裏に焼き付いている場面がありましてね。

ある日、岳父が「来てくれ」というので、雨の中を岳父の自宅に赴《おもむ》きました。当時、岳父は全日警の社外重役に就いていました。折りも折り、岳父は千葉県の公安委員になり、そのときは公安委員長に選ばれていたんです。

――公安委員長といえば警察行政を監査するところですから、大変に名誉のある役職ですね。

片岡　その通りです。そこで、岳父がある人から「公安委員が警備会社の役員になってはまずい」と言われたというのです。

――警備会社を指導し、監督する官庁は警察ですね。警察行政のトップに立つ公安委員長が警備会社の役員になるのは望ましくない、ということですね。

片岡　はい。当然、私は岳父が全日警の役員を辞めるものだと思っていました。ですから、私も「それで結構です」と答えたのです。

ところが、岳父は私の目の前で突然電話を取り上げ、関係者の方に「せっかく公安委員のお話をいただいたのですが、都合で辞退させていただきます」と伝えたのです。電話の様子では、先方は怪訝《けげん》そうな表情をしておられたようですが、岳父はさっぱりしたもので、「公安委員は名誉職にすぎないからな。会社の事業の方が大事なんだよ」とだけ言ったのを覚えています。

――社会的な地位でいえば、誰でも飛びつく公安委員のポストです。泰道さんは、その地位を辞退して全日警の社外重役を選んだわけですね。泰道さんとしては、事業が大事であり、自分はそこに命をかけるという思いがあったのでしょうね。経営者として、または実業家としての道を歩け、との見本を片岡さんに示したといえるのかもしれませんね。

片岡　そうですね。会社を経営していた私には、厳しく当たることもありました。しかし、経営者としての姿勢を私に伝えたいという岳父なりの考えがあっての厳しい鍛錬だったのではないか、と思いますね。

――世間体や見栄は一切構わないということですね。事業一筋ながら、泰道さんは、同時に仏教に帰依《きえ》していましたが、そうした面で感ずるところがありましたか。

片岡　ありましたね。私が岳父に対して、「なぜ、仏教に身を置いたのですか」と尋ねたことがあります。岳父は当時、エスエス製薬という製薬会社を経営していました。製薬会社は病に苦しむ人のために、新薬の開発に取り組んできました。その際には、さまざまな実験を行い、実験を受けたモルモットは犠牲になります。

つまり、人間が病から解放され、健康を維持するために新薬づくりが行われるわけですが、新薬が誕生する背景には数多くのモルモットの犠牲があってこそ成り立つということなんです。

――人間が生きるための薬の開発でモルモットが犠牲になってしまうと。そうした動物たちに感謝しなければいけないということですね。

片岡　そうです。人間の健康や長寿の実現のため、同じ生命を宿した動物が犠牲になってしまうわけですね。ですから、岳父は、そうした動物の尊い生命を絶つという事実を踏まえて、そういった生き物たちへの供養という意味で、仏教に身を置いた、と私には言っていました。

――片岡さんと岳父との付き合いは相当長かったようですね。

片岡　岳父と私とで三十歳の年齢差がありました。それで七十七歳で亡くなりました。ですから、十七年ほどの付き合いになりますね。私は岳父には常に負けまい、といったライバル意識のようなものを抱いていましたね（笑）。

――その意味では密度の濃い付き合いをしてきたんですね。実のお父さんとの体験も岳父と違った意味で、片岡さんに影響を与えたと思いますが、終戦直後、ニュース映画の再生フィルムの事業を営んでいたお父さんとは経営に対する姿勢が違っていたようですね。片岡さんが独立して、新しい事業を起こすという話をしたときに、お父さんは何か言われたのですか。

片岡　父は何も言わなかったですね。父の経営に対する考え方と私の考える経営とはかなり違っていたところがありました。私の父は本当に堅実で、堅すぎる性格でしたからね。私は堅い性格ではありません（笑）。物事を前向きに捉え、常に冒険することが好きだったんですね。私と父は正反対の性格だったと思います。

――片岡さんは、そんなお父さんの性格に対して反発を感じていたのですか。

片岡　幼いころは、父に対して反抗したこともありました。なかでも一番大変だったことは、私が父に喰ってかかったことです。

戦時中は空襲も多く自分の身体を守るための鉄兜など、いろんなものが自宅に置いてありました。それで父に反抗した私は鉄兜を被って向かっていったのです。

――大変なことですね。子供なのだから力づくではもちろん親に勝てませんね。

片岡　ええ。ですから、自分から外に飛び出して遊びに行ってしまいましたね（笑）。そんな思い出も小さいときにありましたが、私が社会人になったときも、冒険的な行動をとらない父と私では、考え方も異なれば、行動様式も正反対だったと思います。私はどちらかというと「冒険」「挑戦」といったようなことが好きなのです。親子なのにもかかわらず、性格が百八十度違いました。

——片岡さんの負けん気の性格と、お父さんの堅実さとは対照的ですね。では、小さいときに二歳違いのお姉さんと一緒に遊ぶことはあったのですか。

片岡　全くないですね。やはり友だちと遊んでいる時間が多かったですからね。

「人生なんてキセルみたいなもの」

——やんちゃな一人息子という感じですね。しかし、高校の卒業式のときに、片岡さんは出席できなかったという話がありますね。そのことをご両親はどう思われていたのでしょうか。

片岡　父は何も言いませんでした。私の代わりに卒業式に出て卒業証書をもらってきてくれたんです。父が何も私に言わなかったのは、卒業式を迎えたときには、私の大学への入学が決まっていたので安心していたというところもあったのではないでしょうか。

当時、たばこを吸うために使用するキセル（きざみタバコをつめて火を点じ、その煙を吸う道具のこと）が流行っていました。父もタバコを吸っていましたので、よくキセルでたばこを吸いながら、「人生なんていうのは、キセルみたいなもの。キセルの両端、つまり吸い口と煙が出る先端部分は金属でできているから、よく光っている。真ん中の部分は竹でできているので光らない」と言っていました。

ですから、父に言わせれば、キセルの構造にかこつけて、どんな時期でも最初と最期がしっかりしていれば、中間部分は輝かしい時期がなくてもかまわない、ということを言いたかったのかもしれません。人生にたとえれば、ちょうど中間は光らない〝竹〟であったとしても、最期の部分で光っていればいいのだ、という思想を持っていたのかもしれませんね。

——高校生でいえば最後の卒業する時期に輝いていればいいと。

片岡　ええ。卒業の時期には立教大学への進学が決まっていましたから、高校で勉強していなかった分、大学でその分をやればいいよ、という意味だったのではないかと自分では解釈してきました。

——なるほど、そんな意味もあったのかもしれませんね。お父さんは、そういった懐の深さを持ちつつ、家業の三栄映材で堅実な経営をしてこられた。お父さんにはお父さん流の味のある経営をしてこられたということですね。

片岡　そうですね。とにかく私に対してはあまり物を言わなかったのですが、私が立教大学に合格できたことをとても喜んでくれたようです。それにしても、当時の父を知る人から話を聞いても、父はとにかく堅い人だったようです。

当時は終戦直後で、社会は混沌《こんとん》の中にも活況を呈していました。生き方は人それぞれだったと思います。金額の価値は今とは違いますけど、例えば1000円のお金があったとしら、父の場合は500円を使って、残りの500円は使わずに貯めておくという考え方なんですね。それに対して私は1000円のお金をもらったら、どうやってこれを2000円に増やそうかと考えるのです。その考え方の違いはあったと思いますね。

――おもしろいですね。片岡さんは1000円を元手にしてそれを増やす思考の持ち主であったと。高校時代に氷を冬に買っておき、単価が高くなる夏にそれを売って利益を出すというビジネスをすでに片岡さんは手掛けていたそうですね。

片岡　ええ。どうやって2000円にして使おうかと、必死になって考えていました（笑）。逆に父は1000円あっても、500円は貯めておいて、冒険をしない性格の人でした。とにかく堅いタイプだったんです。ですから、私とは全く性格が反対だったんです。

――お父さんと正反対の性格はどうして生まれたと考えていますか。

片岡 どちらかといえば、無意識のうちに自分の性格がそうなっていたと思いますね。ですから、私が高校生のときは、よく父と言い合っていましたよ。「お父さんはそういう考えかもしれないけど、私の考えはこうなんです！」と。

――お父さんにしてみると、片岡さんは相当自我の強い息子だと思われていたのでしょうね。

片岡 おそらくそうだと思いますね。男親というのは、息子よりも娘を可愛がるものですし、私の父も実際、姉のことをとても可愛がっていました。ただし、それを見て反発を覚えたことは一度もありませんでした。

――こうしてお話を伺うと、片岡さんは実のお父さんにも、岳父にも厳しい指導を受けたといえますね。しかし、これも二人の根底には片岡さんに対する愛情が基本的にはあったということですね。

片岡 そう思います。時代の流れもありましたよね。私が中学生や高校生のときは、戦後の何もない時期でした。ですから、現代のようなゲーム機などの遊びもなかったわけですね。当時は子供の遊びといっても、せいぜい野球があるくらいで、サッカーやバスケットといった遊びはなかったわけですよ。

——もちろんパソコンや携帯電話もありませんでしたから、当時の子供たちは遊びに工夫を加えていましたね。しかも周りには水田や畑ばかり。ときには、畑の西瓜《すいか》を失敬したりするいたずらもありました。しかし、自分たちが楽しむために何もないところから新しい遊びを考え出していった。これは非常に大事なことですね。そういう幼少期の片岡さんですが、高校三年生になると、大学受験のため密かに勉強するようになっていました。そして、立教大学の社会学部に見事合格しました。

片岡　一夜漬けで、大した努力じゃないですけどね（笑）。

——いやいや、立派な努力ですよ。

片岡　それでも、私は本当に腕白でしたよ。高校時代の話ですが、ある日試験にそろばんが必要だったときがありました。そろばんを家から持って来ることを許されていましたから、みんなそろばんを持参してくるわけですね。しかし、私は学校にそろばんを持っていかなかったんですよ。それで周りの生徒が書いた答えを写して提出してしまったんですね。いわゆるカンニングですよ（笑）。ですから試験ともなると、私はみんなが必死に問題を解いているときに一人だけ寝ていました。普通は生徒が寝ていると、先生が回ってきて注意して起こしますよね。でもそのときの先生は、「片岡は寝ていた方が教室は静かになるから寝かしておけばいい」なんて言っていたらしいです（笑）。

マイナスなことを考えるよりもプラスの志向を！

――片岡さんの人生において「逃げる」という発想がなかったように見受けられます。例えば、高校生のとき、ダンス・パーティーのパーティー券を下級生が隣の高校の突っ張り生徒に無理やり買わされたことを知って、片岡さんは毅然とした態度でそのお金を取返しに行ったそうですね。そのときは一人で乗り込んだのですか。

片岡　そうですよ。乗り込むときは一人です。

――そうすると、取っ組み合いになることは覚悟していたのですか。

片岡　そうですね。子供心でとにかく全部プラス志向で考えるんです。マイナスに考えない。ですから、もし取っ組み合いになっても、一人だから負けてしまう、という発想はしないんです。

――殴られたらまずいなどとは考えないと。

片岡 ええ。そういった自分にとって後ろ向きな考え方は一切しないのです。常にプラス志向で臨んできました。

ですから、警備業を始めたときもそうです。私はいろいろな人によく言うのですが、失敗なんて考えたら仕事はできませんよ。若いときはすべてが成功すると思って、全部プラス志向で臨むべきであると。

自分の頭の中にマイナスがないわけですから、仕事をすれば必ず成功すると思っているのです。そのために一生懸命になって仕事をしていく。失敗したらどうしようと考えたら、そこでお仕舞いだと思うんです。

そこが若さの特権だと思いますね。ですから、年を取ってリタイアするようになると、人は自然と慎重になるのかもしれません。危険や失敗のリスクといった、そういうものを絶えず考えながら進んでいくわけですからね。しかし、若いときは、そういった後ろ向きなものを吹き飛ばすほどのパワーがあるものです。

――立ち止まったり、不安に思ったりせず、「これだ」と思ったら、その物事にただ突き進んでいく。どうやったらそうしたエネルギーが出てくるのですか。

片岡　すべて良いほうへ転化していくと発想するのです。社員に対しても同じです。要するに、何かマイナスな出来事が起こったとしても、それはプラスに転化していくんだと。

例えば、営業担当の人が新規の案件を取らなければいけないというときに、プレッシャーに打ちひしがれていては何もできません。角度を変えていつもと違うアプローチをしてみようとする。そうすれば、案ずるより産むが易しで、仕事もスムーズにいったりして新天地が拓《ひら》けるものです。

いわゆる発想の転換が必要で、何でも前向きに捉えることが大切なんだということですね。戦国時代の武将・山中鹿之助《やまなかしかのすけ》は天に向かって、「我に艱難辛苦《かんなんしんく》を与え給え」と訴えたといいます。

つまり、いつでも問題は起きるし、誰でも人生において課題を抱えているのだと。そういうことを乗り越える精神力、忍耐力を養うことが大事ではないかということですね。

自らが責任を持って判断することが大事

――常に前に進み、挑戦し続けることが大事ということですね。場合によっては、突き進んだ後に失敗や挫折が訪れるかもしれません。そういうときはどうやって乗り越えるべきだと思いますか。

片岡　私は今まで仕事をしてきた中で、人との関わり合いはもちろん、仕事でさまざまなことを経験してきました。その中で、いろいろな問題があったのですが、そういったことをすべて乗り越えて来たという感覚がありますから、「あのときはこれが失敗だった」「あのときはこうすべきだった」という後悔の念はあまりないのです。

――例えば、片岡さんは全日警を創業して、最初に大宮市（現さいたま市）のデパートでの警備を受注しました。ところが、先方はまだ全日警が誕生したばかりの若い会社で多少軽く見ていたようですね。「出来て間もない会社には仕事を任せられない」と。この案件を取るまでの過程も、まさに片岡さんの性格が表れているように思います。

片岡　はい。もしそこで「ええ、そのとおりです」と私が言ってしまったら、それで終わりになってしまったわけですよ。そうではなく、私は「あなたが経営するデパートだってまだ若いではありませんか」と言い返しました。ある意味で喰ってかかったわけです。しかし、文句を言ったところでいい結果にならないことは目に見えています。ですから、私はその後に「では、一緒に頑張ってお互いの会社を成長させましょう」と持ちかけたのです。その熱意を先方も感じてくれたということですね。

——その一言が言えるかどうかが大事ですね。そういうやりとりや体験を経て、会社を成長させることは人を成長させることにもつながりますね。片岡さんは日ごろから人材が非常に大事だと強調していますね。では、人といってもさまざまな人がいるわけですから、中には後ろ向きな性格の人や、できない理由をいろいろあげて弁明ばかりする人もいます。そういうときはどう対応しますか。

片岡　まず、上に立つ人が後ろ向きだと、社員は絶対についてきてくれません。上に立つ人間が前向きでいると、部下は安心してついてきてくれます。

例えば、何かの壁にぶつかった場合に、トップが決断を下せずにいつまでも悩んでいたり、消極的になったりすると、それを見ている社員たちはもっと消極的になってしまいます。経営者は決断に迷うことなく、凛《りん》とした心構えを持つことが大事だと思いますね。

――その意味でも、組織のリーダーの一言ひとこと、あるいは立ち居振る舞いが組織全体に大きな影響を与えますね。

片岡　おっしゃるとおりですね。やはり、人は難問にぶつかったときに何をするかが問われるのだと思います。なかなか問題解決の方法が見つからないような場合に、自分こそが責任を持ってその難問に向かっていくことが大事です。

ところが、とかく人間というのは、難しい課題に直面すると、すぐその責任を誰かになすりつけようとしがちです。あれが悪い、これが悪いということをお互いに言い出したりする。これでは解決するものも解決しませんし、会社内の連帯感や仲間意識も醸成されませんね。

――こういうときこそ、リーダーが率先して責任を取っていく。そういう組織でなければ、競争時代を勝ち抜いていけない。私どもも日ごろ、企業を取材する中でわかるのは、やはり、能力を発揮して伸びる人は、そのような弁明はしないし、率先垂範型が多いですね。

片岡　ええ、弁明はしませんね。やはり成長する人というのは、次はこうしよう、この失敗を経験したから次はこう克服していこう、と建設的な意見が出てきます。ですから、人を指示する立場にある人も、なぜミスが起きたのかを分析し、その理由を全員が共有するようにしていく。マイナスをプラスに転化していく経営をしていかなくてはいけません。

誰がミスしたのかにこだわるのではなく、その人の良さ、長所をとにかくひっぱりあげていく。つまり、その人の可能性をひっぱりあげていくことで、同時に組織の潜在力も発掘していくことになると思います。

時代が移り変わる中で、経営もその変化を取り込んでいかなくてはなりません。どんな時代であっても、企業というのは成長し、利益を出し、伸びていかなくてはならない。社員を預からせてもらっている以上は、企業を存続させるという社会的責任を経営者は持っているのだと思います。

経営者は、今は不景気だからうまくいかないとか、人の責任にすり替えたりすることはできません。いかなる状況でも自らの責任感、使命感で会社を存続させていくことが経営者の仕事だと思います。

ですから従業員には賃金を払い、顧客には自分たちが努力して高品質の商品やサービスを提供し、地方自治体や国には税金を払っていくわけです。企業も個人も一人では生きていけません。ステークホルダー（従業員、顧客、地域社会そして株主）というすべての利害関係者とのお互いの助け合いがあってこそ、企業経営は成り立つものだと思います。

人を育てることが経営者の役割

――すべての関係者、ステークホルダーをバランスよく見ていくことが大事だということですね。

片岡　そう思います。私は若いころから友人、知人を大事にしてきました。このことは企業経営を預かっている立場で社員を大切にし、もちろん顧客、株主そして地域社会を大切にしていく思想につながっているのだと考えています。

――世の中は国内、海外の資本が入り乱れて、合併・買収などが展開され、グローバリゼーションの中で再編成が行われています。いわゆるM＆A（合併・買収）の時代ということで、「会社はだれのものか」という議論が盛んに行われる時代になりま

中田乙一氏（右、元三菱地所会長、故人）とゴルフを楽しむ

したね。

片岡　はい。「会社はだれのものか」といえば「株主のものだ」という答えがすぐ返ってきます。商法や会社法ではそのとおりです。しかし、ここ数年に起きた株の買い集め事件でもわかるとおり、「会社はだれのものか」という議論だけでは不十分です。

やはり、会社は「だれに支えられているか」あるいは「会社はだれのためにあるのか」という視点が大事だといわれるようになりました。

「会社はだれに支えられているか」という視点でいけば、それは従業員が働いてくれるからであり、顧客が商品やサービスを購買してくれるからであり、取引先が原材料を提供してくれるからです。

また、工場、支店、営業所のある地方自治体や国などからもさまざまな行政サービスを受けて企業経営は成り立っているのです。

――そういうことですね。片岡さんは常にアグレッシブな生き方をしてきたわけですが、後学のため、一般の会社員に助言してもらおうと思いますが、例えば若い人が会社に入ったときに運悪く意地の悪い上司にあった場合、気持ちも落ち込みがちになりますし、本当にやりにくくなります。そのとき、片岡さんならどうしますか。

小泉純一郎氏（右、元内閣総理大臣、在任期間2001年4月から2006年9月まで）と一緒に

片岡　上司に恵まれない若い人が企業に就職するときも、一人の社会人として、全員がチャレンジ精神を持って働こう、頑張ろうという気持ちで入社してくるわけです。

しかし、自分の上司がどこか自分と合わない、理不尽なことばかり言ってきて全く助けてくれない人だとわかると、やり甲斐がなくなってしまう。せっかく、夢と希望を持って入社してきたのに、そういったやる気をすべてなくしてしまうわけです。

企業側としては、そういう度量の狭い者を上司の地位に就けないということも大事になってきます。

―― そうですね。そこが問題になるところです。そうすると、やはり若い人だけではなく、上司をいかに鍛えておくか、磨かせておくか、これが経営者の課題にもなりますね。

片岡 そのとおりです。それは非常に大事だと思います。やはり人を使うことは、人を育てることにつながります。ですから「社員一人ひとりを適材適所にどのように配置するか」ということをわれわれ経営者や幹部の人間たちが考えていかなければなりません。そうしなければ、その下にいる社員たちが育たなくなります。嫌気が来てしまって、せっかくの優秀な人たちがみんなダメになってしまいます。これは会社にとっても大きな損害につながってしまいますね。

―― 人を使うということは、人を育てることだと。では、片岡さんは今まで人に裏切られたということはないのですか。

片岡　もちろんあります。しかし、そんなことを一つひとつ気にしていたら、体がもたないですよね。そんなことで気を病むよりは、一つひとつ目の前にある目標を追いかけていく。とにかく、くよくよしている暇があるならば、気持ちを新たに前向きになって、より新しいものを追いかけていくという人生に徹するべきだと思っています。

こういった考え方を若い人たちにも持ってもらいたいと思っています。私自身が一九六六年に全日警を創業して四十年間、今までやってくることができたのも、こういった考え方が根底にあったからだと思います。

第8章

全日警の将来

「私が考える警備の本質というのは何者にも侵入されない状況を作り出すことです。センサーなどを付けるだけでなく、警備員が巡回するといった人の『目』による警備も不可欠です。警備機器という『ハード』と警備員という『ソフト』が組み合わさることで、安全・安心な社会をつくることができます。

また、自分たちの住む街は自分たちの手で守ろうという考え方が市民のレベルからできあがってきたことは評価されていいと思いますね」

〈対談〉

全日警社長　片岡直公

×

「財界」主幹　村田博文

一人ではなく、みんなで考えてアイデアを出す

――創業から四十年、この間、片岡さんは「警備は信用を売る商売」を強調してきましたね。そういう信念の下、ゼロから出発して常に前向きに取り組み、全日警は、空港警備やイベント会場の警備の仕事などを受注してきました。警備を展開する上で、これまで片岡さんが培ってきた人的ネットワークが功を奏したということだと思いますが、改めて片岡さんの人生観、世界観を聞かせてくれませんか。

片岡　私が「人を大事にする」ことには根拠があります。昔から私は寂しがり屋だったのでしょうね（笑）。一人でい

るよりも、仲間たちと一緒になって〝ワイワイ、ガヤガヤ〟と盛り上がることが好きだったんです。絶えず誰かとにぎやかにしていたいと思うわけですね。そういうこともあって、「人を大事にする」という精神が私に根付いていたと思います。

――「三人寄れば文殊の知恵」といいますが、みんなで知恵を出し合い、煮詰めていくということですね。

片岡　そうですね。人間というのは、何かあると一人で時間をじっくりかけて考えるという人もいることはいますね。もちろん何事もまずは一人でやってみることが肝心です。

しかし、一人で物事を考える場合、どうしても限界がありますね。そうであるならば、みんなで寄り集まって、話し合う方が良いと思うのです。何気なく話をしている中でアイデアは生まれてくるものだと思いますし、一つひとつの発言がきっかけとなって大きな発想が思い付くわけですね。これは私の体験からいってもそうです。

――なるほど。では、例えば、能力的に劣っていると周囲から思われている人を教育して、良い仕事ができるようになったというケースはありますか。

片岡　ええ、ありますよ。しかし、私は仕事の面で人間のレベルや能力といったものにそれほど差はないと思うのです。人はみんなそれぞれの個性があり、独創的な発想を持っているものです。大事なことは、その人の使い方、起用の仕方です。

どんな仕事をさせれば力を発揮してもらえるだろうか、この人にはこういった特長、あるいは長所があるからこの仕事をしてもらおうと。その人がこの仕事には適任ではないか、と考え仕事を割り振っていくんですね。

ですから、人を見てどのように生かすかが大事だということなのです。そして、仕事をする中でその人をどう育てていくかが経営者の大切な役割だと思いますね。そうはいっても、向上意欲のない人は困ります。というのも、そういった人たちは、周辺の人たちにも悪い影響を与えてしまうからです。

――例えば、怠慢な性格の人がいたら、周りにいる人にも悪影響を及ぼすこともありうるわけですね。

片岡　そうですね。ですから、人を採用するときが大事です。能力よりもまず人格、あるいは性格といいますか、私たちはそれを最初に見極るように心掛けています。さきほど言ったように、能力そのものに個人差はあまりないわけですよ。実際に私も能力だけを見て人を採用していませんし、会社としても能力だけ優秀な人を求めているわけではありません。

――偏差値、資格、技能などよりもまず第一に見るべき所は、本人のやる気、志ということですね。そう言う片岡さんが尊敬する人は誰ですか。

片岡　なんと言っても、戦国時代の武将・織田信長ですね。

――小さいときから織田信長を好きだったのですか。

片岡　ええ。学生時代のときに、織田信長に関する本は、ほとんど読みましたね。

――織田信長のどういうところが好きなのですか。

片岡　司馬遼太郎さんの『国盗り物語』を読みますと、そこに書かれてあることが仕事につながる面があります。織田信長は物の流れ、つまり「流通」を振興し、新しい需要を掘り起こす産業政策を考え、それを実行しました。

具体的なものといえば、関所（街道の要所や国境に設け、戦時における防衛あるいは通行人や物品の検査に当たった所）を撤廃したことや城下町に楽市・楽座制（従来の座商人の特権廃止や市場税の廃止、また座そのものの廃止によって、新興商人の自由営業を許したもの）を導入したことも画期的なものでした。

従来あったものを壊して新しいものを築き上げる信長の行動力もさることながら、

新しい商業政策を生み出すクリエイティブな発想が、とても面白いと感じましたね。

――ありますね。織田信長と同じように守りにまわらず、攻めていく人物としては武田信玄もいます。武田信玄の先陣訓に、『十分の勝利を下とし、七分の勝利を中とし、五分の勝利を上とする』とあります。つまり、完全勝利には奢《おご》りが出てしまう、七分の勝利は気が緩みがちになり、五分の勝利は緊張感が残り、気が引き締まるというものですね。織田信長も武田信玄と似たところがあって、常に全身全霊でことに当たってきたように思います。そして、可能な限り物事を追求していく姿勢。自分の前に壁が立ち塞《ふさ》がれば、それを乗り切っていくという気迫が信長にはありますよね。

片岡 ええ。確かにそうですね。それは経営にもつながる大事なことだと思います。信長は気の荒い性格でも有名です。しかし、その性格でありながらも、よくあれだけの家来、部下がついてきたな、と思うのです。織田信長には本当に優秀な家来、部下が多かったわけですが、それらを見事に統率してきました。

――そうですね。あれだけ気性が激しい人に家来、部下がついてきたというのはどういうことなのでしょうか。

片岡 現代のあらゆる組織でもそういうところがあると思いますが、人間というのは強い者についていくという性質がありますよね。弱い者には人はついていかないのですよ。それは現代の子供たちの世界だけでなく、大人の世界でもそういうことがあると思いますし、世間一般でも強い者になびく傾向にありますよね。

織田信長は強かったし、気性は荒くて激しいわけですが、「この人が天下を取れるのであれば私はこの人に懸けよう」「この人についていこう」という気にさせたのではないでしょうか。

――なるほど。では、いわゆるカリスマ性が織田信長にはあったと思います。

挫折したとき、失敗したとき、片岡さんは自分をどう奮い立たせてきましたか。

片岡　挫折や失敗をした人は普通くじけてしまいますね。しかし、私の場合は「よし、今こそ私の出番だ」と思うんですよ（笑）。もともと若いときから失敗を失敗とは思わない性分でしたから、今でも振り返って「あれが失敗だったなあ」「あのときに挫折を味わったなあ」という自覚はほとんどないんですよ。

そして、経営の話で言えば、社員がミスをした場合でも、逆境に直面したときでも「私の出番だ！」と思いますね。誰かが挫折してくじけているときに、自分の出番が来たと思うのです。「よし、やってやろう」という気持ちになります。

――では、くじけることはあまりなかったということですか。

片岡　ええ。ですから変な話ですが、何かことが起きなければ私の出番はないわけですよ。くじけたときこそ、私にとってはチャンス到来なんだと。このときこそが私の出番だと思ってやってきました。

人の「目」による警備

――片岡さんのそういった前向きな姿勢があって、今日の全日警があるわけですね。では、警備業が生まれて四十年以上が経ちました。マンパワーの常駐警備から始まり、センサーや通報システムなどに代表される機械警備を経て、警備の姿も刻々と変化しつつあります。「ホームセキュリティ」のための警備機器を個人住宅に配置する潮流も出てきました。そういったことを踏まえて、今後の警備業界に求められるものはどんなものになるのでしょうか。

片岡　警備機器のハイテク化が進んでいますが、警備業は、まだまだ発展途上であり、将来的には育っていく業界だと私は思っています。なぜかといえば、オフィスビル、デパート、そして空港といった公共施設や商業施設など、ほとんどの施設には警備員が常駐していたり、警備機器が備わっています。こういった施設の警備というのは、ある意味では飽和状態になっているといえます。

しかし、犯罪の手口も進化し、予想していなかった手法で個人住宅が窃盗などの対象になりつつあります。つまり、これからは個々人が自分の住宅を守る時代になってきたということです。そして最終的には、一般家庭から今度は一人ひとり個人の警備までやっていく時代になると思うのです。

――一般家庭の警備という意味では、すでに全日警では力を入れていますね。

片岡 ええ。「ハッピーガード」という商品をつくり、あらゆる家庭に対応できる商品メニューを揃えました。少子高齢化が進むことで一人暮らしの高齢者が増え、犯罪だけではなく、身体に支障が起きた場合にも対処できるような体制が警備会社には求められてくるのです。

将来、一般家庭だけではなく、ボディーガードのように個々人に警備員をつけるようなことがあるかもわかりません。もちろん、少子高齢化が進んでいますから、警備をするのは、警備員という「人」ではなくて、「ロボット」になるかもしれません。そして、警備機器は年を重ねるごとに多機能になっています。高齢者が住居内で持ち運びができ、ボタンを押せば警備員が駆け付ける非常対応機器もできていますし、ペンダント型の機器もあります。

ＩＴ（情報技術）が日々進化しています。その意味でも「安全」を守るための警備機器はさらに進化を続けていくのではないかと思います。

――片岡さんはホームセキュリティに十年以上前から注目していましたね。「安全」というハードな部分の警備業は、警備機器の発達により実現できたということですが、それでは「安心」という精神的な安らぎをどのように警備会社が提供していけばいいと考えていますか。

片岡　考えてみれば、泥棒や強盗も警備が入っている場所をわざわざターゲットにしませんよね。ですから、警備会社は今までは何かが起きたときに市民を助けたり、護衛をすることが主な業務でしたが、警備員の存在そのものが泥棒や強盗に対する予防線になると思うのです。

もちろんマンションといったものは別にして、個人住宅はその最たるものですよね。玄関に警備会社のシールが貼ってありますが、それだけでも心理的な効果を与えるわけですね。したがって、泥棒や強盗などの犯罪者が侵入をためらうようにするというのも、警備だと思うのです。

ですから泥棒が「侵入しづらいところだな」と思わせるような警備体制の構築が不可欠なんです。そのためには、現段階の警備のやり方に安住せず、より高度で「人」を活用した警備というものをつくり出していかねばなりませんね。

――なるほど。ことが起こったときに駆け付けるのではなくて、ことが起こらないようにすることが、片岡さんの考える警備の本来の姿なんだと。

片岡 そういうことです。確かに何者かに侵入されたら、異常を察知したセンサーが反応して対応します。しかし、私が考える警備の本質というのは、何者にも侵入されないような状況を造り出すことこそが、警備の醍醐味だと思うんですね。要するに、住居の外周を固めるんです。

センサーなどを付けるだけでなく、それに加えて警備員が巡回するといった人の「目」による警備も不可欠です。

警備機器という「ハード」と警備員という「ソフト」が組み合わさることによって、より安全・安心な社会をつくることができます。

警備会社と地域社会が連携する

――それから、警備会社と地域社会とのコミュニケーションといった視点で、片岡さんは行政との連携について、どのように考えていますか。

片岡　私が全国警備業協会の会長に就任する際に、最初に言ったことがあります。それは「街の警備」です。これは警備会社単独で街の警備を実施することはできません。民間企業である警備会社と、そして行政とが一体となってやることによって、街の安全・安心は保つことができると思うのです。ただ、これには市民の力が必要です。市民の力があってこそ、街の安全が保証されると思います。

そこで、私は幅広く行政の人たちに、「自分たちの街の安全は当然、行政と一体となって市民みんなで考えるべきではないか」と訴えたのです。街の安全を実現するためには、当然その街に住む市民が一番その地域のことを知っています。子供が一人で通ったら危険な道、通行人に万が一のことがあるかもしれない場所など、地域の情報を市民がみんなで提供することで街全体の安全が守られるのです。

――では、片岡さんも知事や市区町村長といった人たちにそういった訴えを言い

街の安全を確保するため、今日も走る「青パト」

続けていたのですね。

片岡　ええ。いろいろな人に会って、私は「市民のための安全・安心を取り上げるべきですよ」と主張してきました。学校という教育現場でも犯罪が起こる昨今、地方自治体も、街の安全を守るために、しっかり予算を組んで、警備は警備会社に任せることはあっていいと思います。

社会の安全・安心を守るのは、すべてが警察の仕事ではありません。警察と共に警備会社もそのお手伝いができるのです。そして、市町村が予算を組んで警備会社に街の警備を任せるのであれば、その市町村民は自分たちの安全を守るために、自分たちが考えるんだ、という姿勢にならなければなりませんね。

おかげさまで、私がさまざまな場所で訴えてきた甲斐もあり、いまでは地方自治体などの行政も、「安全・安心」が大事であり、警備会社との協働も一つの選択肢になるのだ、という意識に変わってきました。

その結果、市町村が毎年、「街の安全・安心」を守るための予算を組み、街の巡回警備を警備会社に頼む事例が増えてきました。

例えば、私の生まれ故郷である千葉県市川市も、警備会社による夜間パトロールを実施しています。警備員が街中を巡回するだけでも、犯罪件数は減少し、その効果は出てきています。

—— 夜間の警備会社によるパトロールは、片岡さんがさきほどおっしゃった犯罪を事前に防ぐところにつながってきますね。

片岡 ええ。全日警では二〇〇二年（平成十四年）からすでにこのような活動は行っていました。神奈川県横浜市のみなとみらい地区では、多くの商業ビルやホテル、さらには高層マンション、アミューズメントパークなどの建物が建ち並んでいます。「多くのビルが建ち並ぶ重要拠点を安全・安心な街にしたい」という社員の進言もあって、みなとみらい地区を中心に青色回転灯をつけた車（通称＝青パト）で夜間の巡回活動を自主的に始めたのです。

――それはいいアイデアですね。全日警が自主的にこの活動を始めたのですね。

片岡　ええ。警備員六人が交代で、午後六時から翌朝午前九時まで、みなとみらい地区のほか、西区高島、中区新港、神奈川区金港町などの湾岸エリアを巡回地域として、自主的にパトロールを続けたのです。

――こういった活動を民間会社がやってくれるのは、とても地域としてはありがたいことですね。青パトも「街の警備」の一環ということですね。

片岡　はい。一番大切なことは「みんなが安心して暮らせる街をつくる」という意識を、市民一人ひとりが持つということです。市民が中心にあり、行政、民間の警備会社とが一体となって街の安全を守る。こういった連携が、これからは重要になってくると思います。

実際、町内会や自治会、ボランティアといった方々が街を巡回するなど、全国各地域で活動は行われています。そういった市民が一丸となった草の根運動と、青パトに代表される警備会社の組み合わせによって「街の安全」はより一層確保されていくのです。

――やはりそういった草の根活動の効果はあるのですか。

片岡　ええ、もちろんです。犯罪件数が約八十万件と最も多かった二〇〇二年（平成十四年）を頭打ちにして、犯罪件数は徐々に減少しています。

つまり、自分たちの住む街は自分たちの手で守ろう、という考え方が市民のレベルからできあがってきたのです。こういった動きからも、今まで社会の安全・安心はすべて警察が守ってくれるという考え方から、社会の安全・安心は自分たちで守っていくという考え方に切り替わってきたのは評価されていいと思いますね。

――警察官と警備員の大きな違いは、法律で与えられている「権限」の有無ですね。警察官は、「公」に奉仕する者として、法律上の権限と義務が与えられていますが、警備員には、「警備業者の使用人その他の従業員」であって、警備業務に従事する者をいい、法律上の特別の権利が与えられていませんね。しかし、警備員は特定の対象、地域などにおいて、警察の目の届かない所にまで、犯罪や事故防止のための活動をしています。要するにお互いが補完関係にありますね。

「孫が可愛いね」と目を細める片岡氏（紀代子夫人と、創立30周年のころ）

片岡　そうなんです。犯人の検挙といったものは、警察の仕事です。事件が起こってそれを処理するのが警察の役割となります。それに対してわれわれ警備会社は、事件を未然に防ぐことが大きな使命なのです。

――それこそ片岡さんが掲げている目標、「人の生命、財産そして家族を守る警備業」の姿ということですね。最後になりますが、今まで四十年、警備業というものに身を捧げてきた中で、経営者として強く感じたことはどういったことですか。

片岡　私が起業した当時、警備会社は新しい産業でした。そして、新しい事業を始めるだけにその難しさがありました。しかし、警備業は、「人が財産」の仕事です。要するに「人を育てる」仕事でもあるのです。

そして、「人を育てる」ということは、まさに「人間関係の大切さ」を学ぶことになりました。社会の隅々に至るまで「安全・安心」が及ぶようにするためには、警備員である「人」が警備業の命であり、警備業の要であるといえます。

お客様である企業の業務形態によって、あるいは個々人のライフスタイルによって、求められるものは多種多様です。それらの要望に応えられるノウハウと警備員の高いレベルの質がこれからは求められてきます。

私は「至誠、責任、進取、親愛」の八文字を社訓として徒手空拳でこの会社をスタートさせました。それからの毎日毎日が人に支えられてきた日々だと感謝しています。だからこそ「人を大事にする」――この思想が一生涯、私の心の中に刻み込まれ続けているのも、「人に支えられてこそ自分があるのだ」という思いがあるからなのです。

エピローグ

「会社が人を育て、人が会社を育てる」――この言葉に全日警社長・片岡直公の経営思想のすべてが表れている。企業経営は、当然のことながら経営者一人でできるものではない。現場で働く従業員そして取引先、地域社会といった人たちに支えられて成り立っている。

最近、CSR（Corporate Social Responsibility、企業の社会的責任）の重要性が叫ばれている。戦後六十余年が経ち、国の在り方、企業の在り方、そして個人の生き方すべてが改めて問い直されている。権利と義務の関係、個と全体の関係などで正しい関係を模索する動きが始まった。憲法改正、教育改革などの動きもその一つである。

経済の面でいえば、グローバリゼーションの進行、あるいは外資が日本の子会社を使って日本企業を買収する“三角合併”が二〇〇七年五月に解禁されるなど、日本企業を取り巻く環境は激変している。規制緩和が進み、市場主義の考え方が進む中で、いろいろな企業の不祥事も起きてきた。こういった出来事が背景にあり、CSRが叫ばれるようになったのである。

しかし、わが国には古来、日本の資本主義の生みの親といわれる、渋沢栄一《しぶさわえいいち》が『論語と算盤《そろばん》』という言葉を使ったように、右手に「算盤」、左手に「論語」といったバランスある考えが取り入れられてきたという歴史を持つ。江戸期の大坂の商人の道徳律になったといわれる石田梅岩《いしだばいがん》の『心学』にある「先（相手）が立ち、我（自分）も立つ」というように、まずは取引先や相手の利益が先に立つような商《あきな》いこそが、自らの利益をも生むという考え方がある。

こうした共存共栄の考え方、人と人とのつながりの中で、経済活動はもちろん、政治、文化といった諸活動の人の営みも展開されるのである。

冒頭の「会社が人を育て、人が会社を育てる」という片岡の経営信条にもそうした日本の風土の中で培われた、ものの考え方がうかがえる。

一九六六年（昭和四十一年）、日本の高度経済成長真っ只中にあって、「安全と水はタダ」と思われているときに、片岡は警備事業を始めた。

「安全・安心の確保」にはコストがかかるという考えで事業を起こしたわけだが、当時の世間の常識とはまだ乖離《かいり》があり、当然のことながら、片岡らには苦労が伴った。

しかし、片岡はこの創業から四十年を振り返って「辛いとは思いませんでした。みんなで知恵を絞り、全力でぶつかってきたので」と笑って答えるのみである。

事業家にはどんな困難にもへこたれない、くじけない精神が求められる。もっと割り切って言えば、楽天的かつプラス志向の性格が求められるということであろう。世に足跡を残してきた実業家、経営者にはなべて、どんな困難をも乗り越えていくことができるという楽天性といったものがある。それは人の持つ可能性、潜在的能力（ポテンシャリティ）を引っ張り出す経営とつながっていく。

全日警を創業したときの片岡の年齢は二十九歳。そのときの片岡は、顧客の開拓に年長者を重用した。また、年長の幹部、社員も若き社長を盛り上げて自分たちの役割をしっかり認識し、仕事を遂行してきた。そして、片岡自身は深夜、警備の仕事に当たっている社員のいる現場を見回り、「ご苦労さま」と激励していた。同時に改善点、注意すべき点をその場で社員たちに指示し、警備の仕事の質を上げていった。そのことが顧客の企業からは「全日警の社長は、深夜わざわざ私たちの職場を見回ってくれている」という評価につながった。

経営トップ自らが現場に立つ。そのことが社員の志気（モラール）を引き出していく。その意味で片岡には、経営トップになるべく天賦の才があったということであろう。

ラグビーに「All for One , One for All.」という言葉がある。「一人は全体のために動き、全体は一人ひとりのために動く」という個と全体（組織）のあるべき姿を言い表した言葉である。

警備の仕事は、機械化、コンピュータ化が進み、最先端の科学技術が取り入れられて、公共施設や企業、家庭、個人の安全・安心が守られる時代になっている。しかし、そういう最先端の科学技術やシステムを開発し、駆使するのはやはり「人」である。そのことは、いつの時代でも変わらない。「人」が主役の警備業に徹するという片岡直公と全日警のスタッフたちの営みは今後も続いていく。

二〇〇七年六月吉日　　『財界』編集部

補足

一九七二年（昭和四十七年）に制定された警備業法において、「警備業務」とは、次の四つに大別されている。

①「第一号警備」……警備業務対象施設（事務所、住宅、興行所、駐車場、遊園地等）における盗難等の事故の発生を警戒し、防止する業務。「施設警備」を指す。

②「第二号警備」……人もしくは車両の雑踏する場所、又はこれらの通行に危険のある場所における負傷等の事故の発生を警戒し、防止する業務。「雑踏警備」を指す。

③「第三号警備」……運搬中の現金、貴金属、美術品等に係る盗難等の事故の発生を警戒し、防止する業務。「輸送警備」を指す。

④「第四号警備」……人の身体に対する危害の発生を、その身辺において警戒し、防止する業務。「身辺警備」を指す。

■全日警・40年の足跡

西暦（元号）	月	全日警の歩み	主な出来事
一九六五年 （昭和四十年）	八月	創業	北爆開始
一九六六年 （昭和四十一年）	十月	株式会社全日警設立（本社を東京・台東区御徒町に置く。）	日本の総人口一億人突破 ビートルズ来日
一九六八年 （昭和四十三年）	十二月 二月	甲信越支社開設 近畿支社開設	日大紛争／霞ヶ関ビル完成／3億円強奪事件
一九六九年 （昭和四十四年）	四月 五月 六月 七月 八月 九月 十二月	アメリカ・ピンカートン社から警備機器（超短波警備）導入 機械警備開始 静岡営業所開設 千葉営業所開設 本社移転（東京・中央区銀座） 名古屋営業所開設 九州支社開設	大学紛争ピーク 東大安田講堂落城 アポロ十一号月面着陸
一九七〇年 （昭和四十五年）	三月 四月 七月 十月	大阪万国博覧会開催、警備実施 名古屋営業所を名古屋支社に改称 静岡事務所開設 東京支社開設	日航「よど号」ハイジャック事件 歩行者天国実施
一九七一年 （昭和四十六年）	一月 八月 九月	社内報創刊 銚子営業所開設 神戸営業所開設	アスワンハイダム開通 ドルショック 第三次印パ戦争

	十月	静岡事務所・静岡営業所を統合し、静岡支社に改称	
	十一月	北九州営業所開設	
一九七二年（昭和四十七年）	三月	近畿支社を大阪支社に、甲信越支社を長野支社に、九州支社を福岡支社に改称	札幌冬季オリンピック開催
	七月	成田営業所、旭事務所開設	浅間山荘事件
	八月	館山事務所、長崎事務所、松本営業所開設	沖縄返還
	十一月	警備業法施行	
一九七三年（昭和四十八年）	五月	千葉営業所を千葉支社に改称	金大中事件
	八月	上田営業所開設	第一次オイルショック
一九七四年（昭和四十九年）	二月	成田営業所を成田支社に改称、鹿児島営業所開設	田中金脈問題発生
	四月	三島営業所開設	GNP戦後初のマイナス
	九月	横浜支社開設	
	十月	鴨川営業所開設	
	十一月	駒ヶ根連絡事務所開設	
	十二月	筑豊営業所開設	
一九七五年（昭和五十年）	四月	羽田・名古屋・大分空港の警備開始、大分営業所開設、ANSシステム販売開始	完全失業者百万人突破
	七月	市川営業所開設	沖縄国際海洋博覧会開幕
一九七六年（昭和五十一年）	二月	北九州営業所を北九州支社に改称	ロッキード事件で田中角栄前首相逮捕
	十月	創立十周年記念式典挙行	
一九七七年（昭和五十二年）	四月	長崎営業所を長崎支社に改称	日本赤軍による日航機ハイジャック
	六月	広島営業所開設	巨人軍王貞治選手、本塁打世界新記録達成

一九七八年 （昭和五十三年）	五月 七月 十月	成田国際空港開港、警備開始 鹿児島営業所を鹿児島支社に改称、八王子営業所開設 東京支社を東京中央支社に改称	宮城県沖地震発生 日中平和友好条約調印
一九七九年 （昭和五十四年）	四月 六月	君津営業所開設 佐世保営業所開設	三菱銀行北畠支店強盗人質事件
一九八〇年 （昭和五十五年）	二月 四月	三島営業所を三島事務所に改称 佐世保営業所を佐世保事務所に改称	静岡駅前地下街爆発事故／新宿駅バス放火事件
一九八二年 （昭和五十七年）	三月 七月	名古屋空港営業所、札幌連絡事務所、仙台連絡事務所開設 札幌連絡事務所を札幌支社に、仙台連絡事務所を仙台支社に改称	東北・上越新幹線開通
一九八三年 （昭和五十八年）	一月 三月 十一月	改正警備業法施行 警備業法に基づく認定証の交付（東京都公安委員会認定証第三号） 厚木営業所開設	日本海中部地震発生／大韓航空機、サハリン沖で撃墜
一九八四年 （昭和五十九年）	六月 十一月	三島営業所を静岡支社三島事務所に改称 太田営業所開設	グリコ・森永事件
一九八五年 （昭和六十年）	三月 五月 七月 十月	筑波科学博覧会開催、警備実施 諏訪営業所開設 名古屋東部営業所開設 佐倉支社開設	日航ジャンボ機墜落事故 プラザ合意
一九八六年 （昭和六十一年）	四月 九月 十月 十一月	東京中央支社八王子営業所の管轄を本社に変更し、直轄営業所とする。 佐久連絡事務所開設 創立二十周年記念式典挙行 大村連絡事務所開設	チェルノブイリ原発事故 伊豆大島三原山噴火

一九八七年 （昭和六十二年）	四月 六月 十二月	羽田空港営業所開設 本社移転（東京・中央区日本橋浜町） 串木野事務所開設	株価大暴落、ブラックマンデー／大韓航空機爆破事件
一九八八年 （昭和六十三年）	五月 七月 十月 十二月	小田原事務所開設 神戸営業所を神戸支社に改称 大宮支社開設 日田連絡事務所開設	東京ドーム完成 リクルート事件
一九八九年 （平成元年）	五月 六月 八月 十二月	一般区域（限定）貨物自動車運送事業経営免許取得 東海旅客鉄道（ＪＲ東海）と企業提携 一般区域（限定）貨物自動車運送事業営業開始届 東京中央支社基地局移転、ＡＮＳ東京コントロールセンターと改称、警送事業部開設	北京天安門事件 幼女連続誘拐殺人事件
一九九〇年 （平成二年）	三月 四月 十月 十一月	国際花と緑の博覧会開催、警備実施 中野連絡事務所開設 東京中央支社機械警備に関わる営業部・技術課移転、機械警備事業部と改称 浜松連絡事務所開設	イラクのクウェート侵攻 ベルリンの壁崩壊、ドイツ統一
一九九一年 （平成三年）	一月 七月 十月	長野支社・貨物軽自動車運送事業開始 立川支社開設 創立二十五周年記念式典挙行	湾岸戦争勃発 雲仙普賢岳噴火 ソ連邦解体、ＣＩＳ結成
一九九二年 （平成四年）	二月 四月 十月	諫早営業所開設 小田原連絡事務所を小田原営業所に、浜松連絡事務所を浜松営業所に改称 東京中央支社を東京中央支社、東京西支社、ＡＮＳ東京コントロールセンターに分割	ＰＫＯ協力法成立 バルセロナ五輪 東証平均株価急落

一九九三年 （平成五年）	四月 七月 十月	駒ヶ根連絡事務所を駒ヶ根営業所に改称 横浜ランドマークタワー警備開始 広島営業所を広島支社に、羽田空港営業所を羽田空港支社に、名古屋空港営業所を名古屋空港支社に改称	皇太子殿下、小和田雅子様とご成婚 北海道南西沖地震発生
一九九四年 （平成六年）	四月 九月 十二月	大分営業所を大分支社に改称、泉州営業所開設 関西国際空港開港、警備開始 建設業（電気通信業）の許可を受ける。	大江健三郎氏がノーベル文学賞を受賞
一九九五年 （平成七年）	三月 四月 九月	鹿島営業所開設 京都営業所開設 掛川連絡事務所開設	阪神淡路大震災発生 地下鉄サリン事件
一九九六年 （平成八年）	四月 十月 十一月	機構改革により東京中央支社は常駐警備支社に、東京西支社は機械警備支社に、ＡＮＳコントロールセンターは東京西支社の編成になる。 創立三十周年記念式典挙行 「ＡＮＳホームセキュリティ」販売開始 全栄会を発起し設立	サッカーＷ杯日韓共催決定 Ｏ－１５７被害が拡大
一九九八年 （平成十年）	二月 四月	長野冬季オリンピック開催、警備実施 徳之島事務所開設	貴乃花と若乃花、史上初の兄弟横綱が誕生
一九九九年 （平成十一年）	二月 四月 十二月	東京南営業所開設 東京西支社、東京中央支社に統合。東京中央支社・中央営業所、西営業所開設 ＪＲセントラルタワーズ警備開始	ゼロ金利政策実施 茨城県東海村臨界事故
二〇〇一年 （平成十三年）	十二月	東京中央支社ＩＳＯ９００１認証取得	ジョージ・ブッシュ米大統領が就任

二〇〇二年（平成十四年）	九月	飯田事務所開設	欧州単一通貨「ユーロ」が流通開始／ソルトレークシティー冬季五輪
二〇〇三年（平成十五年）	一月 十一月	横浜支社、名古屋支社ＩＳＯ９００１認証取得 名古屋空港支社（現・中部空港支社）ＩＳＯ９００１認証取得	朝青龍がモンゴル人として初めて横綱に昇進／アメリカ・イラク戦争／宮城県北部地震発生
二〇〇四年（平成十六年）	二月 九月 十月	大宮支社を埼玉支社に改称 中部空港営業所開設 長崎支社ＩＳＯ９００１認証取得	自衛隊がイラクへ派遣 新潟県中越地震発生
二〇〇五年（平成十七年）	一月 二月 三月	横浜支社川崎営業所開設 名古屋空港支社を移転し、中部空港支社に改称。中部国際空港開港、警備開始 愛知万国博覧会開催、警備実施	個人情報保護法全面施行 ＪＲ福知山線脱線事故（ＪＲ尼崎脱線事故）
二〇〇六年（平成十八年）	二月 三月 十月 十一月	神戸空港開港、警備開始 新北九州空港開港、警備開始 創立四十周年を迎える。 東京西営業所、東京中央支社営業部に統合、ホームセキュリティ「ハッピーガード」販売開始	ライブドア事件 インドネシア・ジャワ島中部地震発生 安倍晋三氏が第九十代内閣総理大臣に就任